KB153485

내일을 위한
아프리카 공부

내일을 위한 아프리카 공부

아프리카가 이주위기, 기후위기,
일자리위기, 감염병위기를 극복하는 방법

우승훈 지음

아프리카 대륙 지도

모로코
튀니지
알제리
리비아
이집트
서사하라
모리타니
말리
니제르
차드
수단
에리트레아
카보베르데
세네갈
지부티
감비아
기니비사우
기니
부르키나파소
에티오피아
베냉
시에라리온
나이지리아
코트디부아르
토고
소말리아
라이베리아
가나
중앙아프리카공화국
남수단
카메룬
우간다
케냐
적도기니
상투메프린시페
가봉
콩고공화국
르완다
콩고민주공화국
브룬디
탄자니아
세이셸
앙골라
말라위
코모로
잠비아
모리셔스
나미비아
짐바브웨
모잠비크
보츠와나
마다가스카르
에스와티니
레소토
남아프리카공화국

※ 본문에서 다룬 국가는 짙게 표시함

추천사

아프리카에 대해 이야기하는 것은 힘든 일이다. 한국에서 아프리카는 구호나 원조의 대상으로만 여겨지고 뉴스의 변방에 머물 뿐이다. 아프리카 사람들을 치타, 하마 등 동물에 비유해서 쓴 신문 기사도 본 적이 있다. 아프리카를 방문하는 한국인도 적고, 체류하는 사람은 더욱 적다. 국내에 출간돼 있는 책조차 많지 않다. 특히 최근의 정보를 다룬 책은 찾아보기 힘들며, 한국인 저자가 쓴 책은 더욱 드물다.

그런 점에서 이 책은 정말 값지다. 긴 세월 세계로부터 핍박과 경시를 받았지만 실상은 인류의 고향인 곳, 빈곤과 분쟁으로 고통을 겪고 있지만 동시에 역동성과 희망을 보여주는 그 대륙에 머물면서 직접 보고 느낀 것들을 정리한 충실한 보고서이기 때문이다. 정치 지도자들의 발언이나 분쟁 뉴스 따위로만 접할 수 있는 아프리카 소식을 넘어 이 책에서는 그곳 사람들을 만나고, 전설을 전해 듣고, 삶의 단면들을 엿볼 수 있다.

저자는 아프리카가 맞닥뜨린 문제들과 이를 해결하기 위한 해법을 국가와 이슈별로 연결지어 설명한다. 아프리카라는 장소가 책의 배경이지만 이주와 난민, 기후위기와 탈성장, 일자리위기와 기본소득, 팬데믹과 백신 불평등까지 여러 글로벌 의제들이 이 책의 주제가 된다. 이런 굵직한 이슈들을 놓고 현장에서의 경험과 통찰을 빼곡한 통계들과 함께 충실히 엮었다. 그런 설명들을 따라가면서 우리가 알게 되는 것은 아프리카라는 대륙만이 아니다. 저자가 열어놓은 아프리카를 향한 창을 통해 하나로 이어져 있는 세계를 보게 되고, 그 세계의 일원인 우리의 모습을 보게 된다. 그래서 이 책은 먼 이야기가 아닌 지금 우리의 이야기가 되는 것이다.

구정은, 국제 전문 저널리스트
신문 기자로 오래 일했고 《사라진 버려진 남겨진》,《여기 사람의 말이 있다》,
《10년 후 세계사》,《성냥과 버섯구름》 등의 책을 썼다.

한국인이지만 스스로를 아프리카니스트라 칭하는 사람. 네모난 안경 넘어 세상을 바라보는 그의 시선 속에는 아프리카 대륙, 특히 그 땅을 살아가고 있는 사람들에 대한 동그란 애정과 통찰이 있다. '우바리'라는 필명을 사용하는 그의 블로그에는 '아프리카를 읽고 쓰며 생각합니다.'라는 짧은 소개와 함께 아프리카를 향한 그만의 생각과 고민을 담은 156개의 글이 담겨있다. 아프리카 지역에 관심을 가지고 정보를 찾아보는 사람이라면 누구나 한번쯤은 작가의 글을 만나보았을 것이고, 나도 항상 그의 글에서 배움을 얻어 사람들에게 소개하곤 했다.

그래서 작가가 아프리카를 주제로 책을 쓴다는 소식을 들었을 때 그 안에 어떤 내용이 담길지 기대됐다. 화려한 언어적 유희나 어디서도 보지 못한 놀라운 이야기보다는, 작가의 고유한 관점을 더 깊이 만나볼 수 있다는 설렘에서였다. 그래서인지 책을 받자마자 손을 뗄 수 없이 이야기 속으로 빠져들었고, 책의 마지막 부분인 '나가며'를 다 읽고 나서도 쉽게 그와 함께 한 여행에서 헤어 나올 수 없었다. 며칠이 지나고 나서 저자와 함께 '공부'한 내용들을 톺아보니 그 이유를 알 수 있었다. 그가 아프리카의 동부와 남부, 그리고 서부로 나를 친절하게 이끌며 이주와 난민, 기후위기와 환경, 일자리위기와 기본소득 그리고 감염병에 이르기까지 같이 풀어 가야 하는 공동의 과제에 도달하게 했기 때문이다. 그는 책을 통해 오늘의 우리가 아프리카와 함께 만들어 가야 할 '내일'을 볼 수 있는 문을 열어 주었다. 다른 독자분도 책을 통해 이 멋진 연구자와 같이 공부하는 좋은 동료가 되길 바란다.

허성용, (사)아프리카인사이트 대표
아프리카 국제협력·옹호 시민사회단체(NGO)인 '아프리카인사이트'를 운영하고 있다. 《있는 그대로 탄자니아》를 썼고, 《소외된 90%를 위한 디자인》을 공동 번역했다.

차례 ————————————

차례

3장. 남아프리카공화국과 일자리위기　135

4장. 서아프리카와 감염병위기 189

일러두기

- 국립국어원의 용례가 없는 인물과 지역은 로마자 표기법이 아닌 현지 발음을 반영했다.
- 단행본·보고서명은 겹화살괄호(《 》), 기사·영화 제목은 홑화살괄호(〈 〉)를 사용했다.
- 각 장의 서문에 해당하는 저자의 경험에 등장하는 인물의 이름은 모두 가명이다.
- 인용문에 괄호로 표기한 내용은 독자의 이해를 돕기 위해 저자가 추가했다.
- 해외 기관의 영문 표기는 책 후미의 〈기관명〉에 정리했다.

들어가며

10년 전쯤, 대학생이던 나는 한 기업에서 주최한 단기 해외 봉사 프로그램을 통해 동부 아프리카에 있는 케냐를 방문했다. 나의 첫 아프리카 방문이자, 첫 해외 방문이었다. 그전까지 아프리카에 대해 아는 거라곤 국제개발협력 단체의 TV 모금 광고에서 보거나 국제관계 수업 시간에 들었던 분쟁과 빈곤이 전부였다. 봉사단으로 방문한 곳들도 처음엔 그저 길거리에 쓰레기가 쌓여있는 슬럼가와 '전통'을 고집하는 마사이 민족이 사는 오지 마을로만 보였다. 사람들의 삶은 힘겹고 어지러워 보였다. 하지만 사람들을 만나고 이야기를 나눌수록 편견에 가려져 있던 이들의 삶이 조금씩 빛을 내기 시작했다. 이들의 삶엔 가난과 폭력도 있었지만, 당연히 즐

거움과 희망도 있었고, 임기응변하는 유연함과 사소해 보이는 일일지라도 행동하는 용기가 있었다. 그렇게 아프리카는 나의 세계관에, 그것도 중심에 자리잡았다.

강렬했지만 너무나 짧았던 3주간의 케냐 봉사활동 이후, 나는 전 세계의 공동 번영과 평화를 목표로 한다는 국제개발협력 일을 시작했다. 한국의 국제개발협력은 그때까지만 해도 한창 성장하던 분야라 딱히 쓸만한 재주나, 나를 희생하여 어려운 이들을 돕겠다는 '선한 마음'은 없지만 호기심은 가득했던 나에게 아프리카에 다시 갈 기회를 주었다. 그렇게 케냐에서 돌아온 지 1년 만에 떠난 탄자니아 파견을 시작으로 르완다, 케냐, 에티오피아 등을 오가며 다양한 사람들을 만나고 그들의 삶과 관련된 여러 프로젝트를 그리고, 굴리고, 정리해 왔다. 여러 아프리카 나라를 방문해 볼 수 있고, 그곳에서 살아 볼 수 있다는 점에서 국제개발협력 활동가라는 직업은 정말 좋았지만, 시간이 갈수록 주저하고 망설이는 순간이 잦아졌다.

주류 국제개발협력은 소위 말하는 '개발도상국' 혹은 '후진국'의 발전을 위해 '선진국'의 '전문가', 기술, 자원 등을 지원하는 식으로 이루어지는데, 거의 모든 프로젝트는 '개발도상국'을 '선진국'과 비교해서 다르거나 부족한 것에 '문제'라는 이름을 붙이고 이를 해결하려 든다. 예를 들어 다들 작은 규모의 농사만 짓는 르완다의 한 마을에서 국제개발협력 기관이 새로운 프로젝트를 시작하려 한다고 해보자. 기관의 '전문가'들은 이 마을 농민들이 '빈곤'한 이유를 '전통'적인 방식의 자급자족 농업에 안주하기 때문으로 정의한 뒤, 다른 곳에서 진행했던 것과 비슷한 프로젝트를 시행한다. 농민들에게 농업 자금을 대출해서 더 넓은 농장을 만들고 더 많은 비료와 개량종자를 쓰게 하며, 더 '현대적'인 방식으로 농사짓는 법도 가르쳐 준다. 당장은 농민들이 더 넓은 농장에서 농사를 지을 수 있고, 더 많이 수확할 수도 있다. 하지만 그만큼 농민들은 저 멀리 있는 농산물 시장에서 결정되는 작물 가격에 흔들릴 수도 있고, 마을 전체가 특정 종자에 퍼지는 병충해의 피해를 볼 수도 있다. 그리고 늘어난 생산량만큼이나 농사에 드는 시간과 노력도 늘어나 다른 경제나 사회, 문화 활동을 하기 어려워질 수도 있다.

프로젝트를 하기 전과 후를 비교했을 때 언제가 더 좋은가에 관한 생각은 각자 다를 수 있고, 직후에 이야기하느냐 십 년 후에 이야기하느냐에 따라서도 다를 수 있다. 사실 위의 예시는 내 이야기다. 르완다에서 지역 농민, 동료 활동가와 했던 일들이 모두 잘못됐다고 생각하지만은 않지만, 마냥 좋은 일이라고만 평가할 수도 없었다. 농민들이 그 땅에 평생을 살며 쌓아온 경험과 지식의 가치를 '개발'과 '성장'을 앞세워 갈아엎어 버리는 바람에 오히려 우리가 배워야 했을 새로운 내일을 묻은 건 아닌지 두려웠다. 르완다의 농촌을 떠나 한국에 머무는 요즘은 '선진국'도 내일을 알 수 없는 위기의 시대에 우리는 왜 다를 수 있는 이들도 같은 길을 걷게 하려는지를 고민하곤 한다.

두려움과 고민은 시간이 갈수록 커졌지만 그렇다고 생업을 그만둘 용기도, 국제개발협력이라는 아프리카와 나의 연결고리를 포기하고 싶은 마음도 없었기에 대신 나름의 작은 저항을 시작했다. 아프리카에 없는 것들을 '문제'로만 지적하는 게 아니라, 아프리카에 있는 것들, 아프리카가 더 잘할 수 있는 것들을 조사하고 사업 기획안에 함께 담으려 노력했다. 퇴근해서는 내가 아프리카로부터 배운 것, 그리고 아프리카 사람들의 목소리와 관점이 담긴 글을 블로그에 발행했다.

하지만 아프리카를 이야기하면서 균형을 맞추는 일은 쉽지 않았다. 한국에서 만날 수 있는 아프리카는 '커피 한 잔' 값이 없어 아이들이 죽어갈 정도로 가난하거나, 꿈도 희망도 없이 그저 입에 풀칠하며 살아가기 급급할 정도로 비참하거나, 법도 질서도 없는 것처럼 위험하거나, 얼굴 검은 사람들이 엉뚱한 행동을 하는 웃긴 모습이거나, 오직 대자연만이 살아 숨쉬는 동물의 왕국이었다. 간혹 이런 편견과는 다른 모습이 소개되긴 하지만, 유력 정치인들이 여전히 경제 성장을 외치고, 점점 더 많은 사람의 꿈이 건물주 같은 '가진 자'로 수렴되는 한국 사회에서 아프리카는 뒤떨어진 혹은 그리 중요하지 않은 변방일 뿐이었다. 국제개발협력 분야도 한국의 '전문가'를 통해 한국의(K-) 발전 노하우를 '개발도상국'에 전파하고, 한국 기업과 사람의 진출을 돕는 방향으로 기울어 가는 듯했다.

그런 와중에 2020년 초, 코로나19 범유행이 시작되었다. '선진국'과 '개발도상국' 가릴 것 없이 모두가 감염병의 위기를 겪게 되었다. 범유행 초기, '개발도상국'이 많은 아프리카는 처참하게 무너질 것이라는 거의 종말론에 가까운 예측이 넘쳐났다. 하지만 아프리카는 이런 예측과 달리 선방했고, 오히려 가장 심하게 무너진 곳은 미국과 영국 같은 오랜 '선진국'이었다. 나는 이때 모두가 경험하고 있는 위기에 관한 이야기를 아프리카의 관점에서 풀어 봐야겠다는 마음을 먹었다. 지구적 위기를 온몸으로 체감하고 있는 지금이라면 사람들이 '선진국'과 아프리카가 같은 문제를 겪고 있고, 대부분의 위기는 아프리카가 먼저, 더 극단적인 형태로 경험하고 대응해왔다는 이야기를 더 잘 이해할 수 있으리라 생각했다.

나는 한국을 포함한 '선진국'에서 코로나19로 시작된 감염병 위기를 비롯해 기후, 일자리, 국제 이주, 불평등, 성장 등과 관련된 위기가 깊어진다는 소식을 들을 때면 아프리카에서 직접 본 장면이나 공부하면서 알게 된 실천들을 떠올리곤 한다. 그리고 아프리카의 다양함과 다름에서 희망을 본다. 한국에서는 갈수록 삶의 형태가 정형화되어 어떤 문제나 삶의 단계마다 정해진 정답이나 해결책이 있는 것처럼 느껴질 때가 많다. 하지만 내가 만나고 공부한 아프리카는 틀에 박히지 않은 경우가 많았고, 사람들은 각자의 오늘을 살며 다양한 내일을 만들고 있었다. 안정된 일자리가 없으면 여러 일을 엮어 생계를 이어 나갔고, 필요한 물건을 살 수 없으면 주위의 물건들을 가지고 어떻게든 비슷한 기능을 할 수 있는 물건을 만들어 썼다. 어떤 학위나 화려한 경력이 없더라도 제 생각을 말하는데 거침이 없었고, 집이 필요하면 건축 자격증을 가지지 않았어도 일단 진흙으로 벽돌을 만들어 벽부터 쌓아 나갔다.

우리의 모습과 다르고 다양하기에 아프리카는 무질서해 보이기도 한다. 하지만 자세히 들여다보면 사람과 사람, 사람과 상황이 끊임없이 협상하며 만들어 나가는 그때그때의 질서가 보인다. 신호등이 없는 교차로에서는 날씨와 차량 수, 운전하는 사람들에 따라 그날의 흐름이 만들어지고, 붐비는 관공서에서는 번호표 기계의 작동 여부와 기다리는 사람의 수, 일하는 공무원의 개인 사정과 성향에 따라 그날의 대기 규칙이 만들어진다. 아프리카 국가를 방문해 본 사람들은 "아프리카에서는 되는 일도 없지만 안 되는 일도 없다"는 말을 하곤 한다. 각자 경험이 다르기에 이 말의 의미도 조금씩 다르겠지만, 나는 이 말의 핵심이 '안 되는 일도 없다'에 있다고 생각한다. 딱 정해진 것이 없기에 절대로 안 되는 일도 없다. 쉽게 되는 일도 없지만 안 되는 일도 별로 없는 사회의 사람들은 그때그때 가능한 방법을 찾기 위해 다양한 실험을 하고 경험을 쌓는다. 아프리카는 아직 '선진국'만큼 효율이나 이익 극대화를 따지거나 한두 개로 정해진 목표를 위해 달리고 있지 않다. 정해진 틀에 맞춰 사람이나 생각을 규정하고 그 틀 밖의 것들을 배제하기보다는 협상하고 포용하는 방식에 가깝다. 우리는 지금이라도 방향을 바꾸지 않으면 더 나빠질 일만 남은 위기의 시대를 살고 있다. 전 지구적 위기의 최전선이자 다른 세계보다 유연한 아프리카가 어떻게 오늘을 꾸려가고 있는지를 알면 아프리카를 새로운 시각으로 볼 수 있을 뿐 아니라, 더 이상 익숙한 방향으로는, 하나의 '발전'으로는 나아갈 수 없는 우리의 삶과 사회가 다양한 내일들을 상상할 수 있게 된다.

거대한 위기 앞에서도 아프리카 각국 정부와 사람들의 유연성과 실천은 빛났다. 이들은 각자의 방식으로 각자가 할 수 있는 일을 해나갔고, 그중에는 새로운 가능성을 열어 낸 것도 있다. 온 세계가 유럽의 '난민 위기'를 걱정하는 듯한 와중에 우간다는 전 세계에서 네 번째로 많은 난민을 받아들였다. 그리고 난민과 국민의 구분을 넘어, 난민이 마을에서 모두와 더불어 삶을 꾸려나갈 수 있도록 하는 포용적인 난민 정책을 펼치고 있다. 난민들은 마을에서 우간다 시민들과 이웃하며, 밭을 일구고, 장사하고, 아이들을 학교에 보낸다.(1장) 기후변화로 더 잦아지고 강력해진 자연재해를 겪고 있는 케냐는 기후위기 적응의 중요성을 일찍이 알아챘다. 일상 속 실천으로 시작된 시민들의 나무심기 운동은 평화와 민주주의 운동으로 발전해 정부의 환경 보전 책임을 묻고 있고, 정치인들은 모든 분야에서 기후변화를 고려하도록 하는 기후변화법을 만들었다.(2장) 실업률이 높고 가난한 시민이 많은 남아프리카공화국에서는 정부가 오래전부터 적은 돈이지만 정기적으로 장애인, 노인, 어린이(보호자)에게 현금을 지급했다. 갈수록 지원 범위가 늘어나면서 현재는 전체 국민의 30% 이상에게 지급되고 있는 이 현금지원 제도는 자연스럽게 기본소득 논의로 이어지고 있다.(3장) 2014년 서아프리카에서 에볼라가 유행했을 때, 기니, 라이베리아, 시에라리온의 의료 시설은 열악했고 국제사회의 도움은 늦어졌다. 하지만 각 공동

체는 이전의 감염병 대응 경험을 살려 나름의 방역 체계를 만들어 공백을 채웠다.(4장)

그동안 우리 대부분은 '개발도상국'으로 분류되는 아프리카의 오늘은 뒤처져 있고, 이들의 내일은 한국처럼 앞서 성장한 '선진국' 일 것이라고 생각했다. 하지만 이렇게 세계를 '선진국'과 '개발도상국'으로 나눠 줄 세우던 성장의 시대는 생태적으로도 윤리적으로도 한계에 다다랐고 지금은 '뒤처져' 있던 아프리카의 오늘이 오히려 모두의 내일에 더 가깝다. 이제는 이색적이거나 우습게 여겼던 아프리카가 그동안 해온 다양한 사회 실험을 진지하게 바라보고, '선진국' 일색이었던 우리의 '참고 사례'에 아프리카를 더해야 할 때이다. 물론 아프리카 각지의 여러 시도가 언제나 좋은 변화를 낳았던 것은 아니다. 그리고 좋은 결과가 있었더라도 그 방식이 다른 곳에서 항상 통하는 것도 아니다. 하지만 이 과정에서 우리가 몰랐거나 잃었거나 놓친 것을 찾을 수 있고, 그중에는 지금 우리가 배워 활용할 수 있는 것들도 있을 것이다.

본문의 각 장은 한 장 한 장이 기후위기, 이주위기, 일자리위기, 감염병위기의 최전선인 아프리카의 경험을 소개하는 독립된 보고서이기도 하다. 지구촌이 직면한 위기를 어떻게 바라볼 것인지, 각 위기의 개념과 현황에서부터 시작해 이들 위기가 아프리카에서는 어떤 모습으로 드러나는지, 각국 시민과 정부와 국제사회는 어떻게 대응하고 있는지를 살핀다. 이어 각 위기의 대응과 밀접하게 관련된 한 국가 혹은 한 지역의 사례를 분석하며 그들이 위기 앞에서 어떤 아픔, 실패, 성공과 전환을 경험했는지, 무엇이 우리와 비슷하고 무엇이 또 다른지, 우리에게는 어떤 의미가 있을 수 있는지를 이야기한다. 그렇게 각 장은 기존에 널리 퍼져 있는 생각에 질문을 던지며 새로운 상상력과 가능성이라는 결론으로 나아간다.

오랫동안 마음에 품고 있던 이야기지만 책을 쓰는 과정은 쉽지 않았다. 책을 쓰는 것도 처음이었거니와 현재 진행형인 주제들을 익숙한 시각과 다르게 소개하는 것은 생각보다 더 어려웠다. 아프리카의 어려운 현실은 외면한 채 좋은 면만을 소개한다거나, 새로운 주장을 내세우기 위해 빈약한 근거를 과장하는 것으로 보이고 싶진 않았기에 한 줄 한 줄 쓸 때마다 여러 자료를 찾고 비교했다. 그러다 보니 시간이 오래 걸렸고, 몇 번의 슬럼프를 거치며 거의 2년 만에 책이 나오게 되었다.

나는 '아프리카 전문가'도 이 책에서 다루는 어떤 주제의 '전문가'도 아니다. 50개가 넘는 나라가 있는 아프리카 대륙의 '전문가'가 되는 건 불가능하다고 생각하기도 하고 '전문가란 무엇인가'를 가지고도 할 말이 많지만, 여기서는 해당 분야에서 새로운 지식을 만들어 냈거나 남들보다 월등히 많은 경험을 하지 않았다는 의미에서 '전문가'가 아님을 고백한다. 하지만 나는 지난 10년 동안 아프리카의 시각으로 아프리카와 세계를 바라본다는 '아프리카니스트Africanist'를 자칭하고 지향해 왔다. 아프리카 사람들이 쓴 글과 아프리카 언론이 다룬 기사를 읽고 아프리카 사람들이 주인공이 되는 다큐멘터리나 영화, 드라마를 보며 이를 한국에 소개하기도 했다. 그리고 국제개발협력 활동가로 여러 아프리카 나라를 다니며 농민, 청년, 어린이, 상인, 공무원, 동료 국제개발협력 활동가 등을 만나고, 그들과 이야기를 나누고, 부대끼며 살기도 했다. 이를 통해 아프리카의 요모조모를 배울 수 있었고, 나아가 아프리카 사회의 모양과 생각의 방식에 나름 익숙해질 수 있었다. 그리고 책에서 다루는 분야에 관한 전문 지식을 가지지 않았기에 책을 쓰면서 각 장에서 다루는 주제의 기초부터 공부했고, 기본서부터 최신 논의가 담긴 논문까지 폭넓게 검토하며 글을 써나갔다. 그래서 오히려 이 책을 쓰기 전의 나처럼 각 주제에 대해 잘 모르는 독자들도 이해할 수 있는 글을 쓰는 데는 도움이 되었으리라 생각한다.

책을 쓰는 2년 동안 한 방향, '개발도상국'에서 '선진국'으로 나아가는 진보는 더 이상 의미가 없다는 생각이 단단해졌다. 과학의 힘으로 단숨에 끝낼 수 있을 것 같았던 코로나19는 백신이 나온 이후에도 계속 유행하고 있고, 일자리 창출 정책이 연일 실패하는 가운데 장기 실업자와 여러 직업을 가진 'N잡러'는 늘어나는 중이다. 유력 정치인들은 기본소득에 대해 말하기 시작했고, 가까워진 '인구 절벽'으로 새로운 이주 정책의 필요성이 높아지고 있다. 그리고 기후변화는 이제 어디서든 느끼고 들을 수 있는 현상이 되었다.

서문에서는 이런 문제의식에서 '선진국'과 '개발도상국'이란 단어에 내내 작은따옴표(' ')를 붙였지만, 본문에서는 따옴표를 생략하고 이들 단어 대신 북반구Global North와 남반구Global South라는 단어를 더 많이 활용할 예정이다. 남반구라는 단어는 '개발도상국'이 많이 있는 적도 남쪽의 세계를 의미하기도 하지만, 지리적인 구분을 넘어 일부 '선진국(북반구)'의 부유함을 위해 노동력과 자원을 제공하고 폐기물과 같은 부산물을 떠안는 국가들을 의미하기도 한다.

그동안 우리는 무슨 일이 일어나면 '선진국'의 사례를 뒤적이곤 했다. 하지만 '선진국'은 앞서고 '개발도상국'은 뒤처졌다는 세계관이 흔들리는 지금은 그동안 익숙했던 것들, 어쩌면 위기를 만든 원인인 기존의 생각과 삶의 방식에서 벗어나 비주류와 변방으로 치부했던 세계로 눈을 돌려야 할 때이다. 한자어인 위기危機는 위기와 기회가 공존하는 상황을 의미하고, 영어로 위기를 뜻하는 crisis는 그리스 어원으로 결단의 순간이기도 하다. 위기라는 단어는 보통 힘들고 불길한 느낌을 주지만, 새로운 진보와 삶의 가능성을 모색할 수 있는 기회이기도 하다. 위기가 전환의 기회가 되길 바라는 마음으로, 세계의 변방 중 하나인 아프리카의 오늘에서 우리의 내일들을 상상해 보았다. 이 책이 아프리카를, 발전을, 그리고 우리의 내일들을 다시 한번 생각하는 데 도움이 되길, 혹은 적어도 아프리카가 더 많은 사람의 세계관 혹은 책장 속에 자리 잡는 데 도움이 되길 바라본다.

【1장】

우간다와 이주위기

르완다 남부의 작은 도시인 무항가Muhanga에 살 때의 일이다. 하루는 집에 고칠 가구가 있어 동네를 수소문해 목수를 찾았다. 그리고 바로 윗동네에 살고 있는 폴을 소개받았다. 우리 집에 찾아온 폴에게 가구를 어떻게 고쳤으면 하는지 설명하려는데, 그는 내가 할 수 있는 영어나 한국어를 못했고 나는 그가 할 수 있는 르완다어가 너무나 짧았다. 손짓 발짓으로 설명하는 데도 한계가 있어 혹시나 하는 마음에 르완다어보다는 그나마 조금 더 잘하는 스와힐리어로 말해 봤는데 놀랍게도 그가 내 설명을 알아듣기 시작했다. 알고 보니 그는 스와힐리어를 쓰는 콩고민주공화국 동부 출신이었다. 말문이 열린 우리는 가구 이야기는 물론이고 그의 가족 이야기도 나눴는데, 그의 가족은 내가 자주 가던 구멍가게를 운영하고 있었다. 그 구멍가게에서 여러 번 음료를 사고, 감자를 사고, 차茶를 샀는데도 나는 그들이 콩고 사람이란 걸 전혀 몰랐고, 이웃 커뮤니티에서도 그들을 전혀 다르게 대한다는 느낌을 받지 않았다. 그렇게 한번 콩고 사람들의 존재를 인지하고 나니, 우리 집 경비원 피에르가 자신의 부모님 중 한 명이 콩고 출신이라고 했던 이야기, 콩고 사람들이 하는 이발소가 스타일이 좋다는 이야기, 시내에도 콩고 사람들 커뮤니티가 있다는 이야기가 들리기 시작했다. 국경을 접하고 있는 르완다와 콩고 동부는 오랫동안 교류해 왔던 지역이라 콩고에도 르완다 출신이 많고, 르완다에도 콩고 출신이 많다.

르완다 사람들은 콩고 사람들을 '콩고마니'[1]라고 부르는데, 콩고마니들은 너무 고기를 좋아한다거나,[2] 서로 잘 뭉친다거나, 춤추길 좋아한다고 말하곤 한다. 가끔은 콩고 사람들을 우습게 생각하거나 낮춰 본다는 느낌도 받았다. 하지만 일상에서는 이들과 함께 축구도 하고, 음식도 나눠 먹고, 직장 동료로 함께 일하기도 한다. 르완다에는 피난 온 콩고 사람, 일자리를 찾아온 콩고 사람, 르완다 국적을 가진 콩고 사람 등 다양한 신분의 콩고 이주자들이 있지만, 이들과 이웃하는 르완다 사람들은 콩고 이주자들이 어떤 신분인지는 크게 신경 쓰지 않는 듯했다. 함께 일하던 르완다인 동료가 동네에서 조기 축구회를 하는데 콩고 사람들이 많다기에 그들이 난민

인지 물어봤는데, 그의 답은 "모르겠다"였다.

어쩌면 나의 질문이 이상했을지도 모르겠다. 2018년, 르완다에서 버스를 타고 우간다에 갔던 적이 있는데 이때 여러 나라 사람들이 말 그대로 걸어서 두 나라를 오가는 모습이 새롭고 흥미로웠다. 우간다와 케냐, 르완다는 자유 이동 협약을 체결했기 때문에 대부분은 아주 간단한 절차를 거친 뒤 입국이 허가되었고, 당시 르완다 거주증을 가지고 있던 나도 버스에서 내린 뒤 잠시 걸어서 국경을 넘었다. 양국의 출입국 심사관 모두 내 거주증을 보고 별말 없이 도장을 찍어 주었다. 육로로 연결된 국경을 통해 누군가는 학교나 병원에 가고, 물건을 사고팔며, 친지를 방문한다. 나는 한국에서 나고 자라 육로로 국경을 넘거나 생활권이 국경 밖으로 확장된 삶을 경험해 본 적이 없었기에 언제나 국경은 엄청난 장벽이고 이주는 어려운 일이라 생각했다. 하지만 사람과 물건이 자연스럽게 이동하는 모습은 이주, 특히 부정적으로만 그려지던 아프리카인들의 이주를 새로운 관점에서 생각해 볼 수 있는 기회가 되었다.

이주위기를 보는
치우친 시선

이주 혹은 난민 위기, 심지어는 '난민 사태'라고까지도 불리는 이주
와 난민에 대한 문제는 주로 유럽을 포함한 선진국의 관점에서 많
이 조명된다. 서아시아[3]와 아프리카에서 '탈출'해 유럽으로 '밀려드
는' '보트 피플boat people'과 그 과정에서 바다에 빠져 사망하는 사람
들의 가슴 아픈 사연, 서유럽 각국에서 일어나는 내국인과 이민자[4]
사이의 갈등, 이민자를 막겠다며 국경에 장벽을 세우고, 똥통shithole
같은 나라 대신 노르웨이 같은 나라의 이민자만 받고 싶다고 말하
는 트럼프 전 미국 대통령의 행보 등은 주류 언론을 통해 잊을 만하
면 전해졌다.

　　최근 러시아의 침공으로 우크라이나 난민이 많이 생겨났을
때, 유럽과 미국의 언론인들은 유럽에서 전쟁과 난민이 생겼다는
사실을 믿을 수 없다는 듯한 태도를 보이기도 했다. 미국 방송사
CBS의 한 해외 특파원은 "수만 명의 사람이 도시(우크라이나 수도 키
이우)를 탈출하려 했고, 더 많은 사람이 피란길에 오를 것입니다.
(중략) 하지만 이곳은 죄송한 말씀이지만 수십 년 동안 분쟁이 극심
했던 이라크나 아프가니스탄이 아닙니다. 알다시피 이곳은, 단어

사용에 신중해야겠지만, 상대적으로 더 문명화된, 상대적으로 더 유럽적인 곳입니다"라고 말했다가 나중에 사과했다.

이렇게 서유럽과 북미가 이주에 대해 (편향되긴 했지만) 뜨겁게 논의하는 동안에도 한국의 이주 논의는 대부분 동남아시아 국가에서 온 '외국인 노동자'와 '다문화 정책', 그리고 간혹 '북한이탈주민'에 대해 이야기하는 정도에 머물러 있었다. 일부 단체가 아시아나 아프리카에서 난민을 지원하는 일을 하고 있지만, 대다수의 시민은 언론을 통해 유럽과 북미에서 일어나는 이주와 난민 '문제'를 접하거나 난민 지원 단체의 '빈곤 포르노'[5]식 모금 광고를 통해 뼈가 앙상한 난민촌 아이의 모습을 보며 마음 아파하는 정도였다. 2018년, 서아시아의 예멘에서 500명이 넘는 사람들이 제주도를 찾아와 난민 신청을 하기 전까진 말이다.

사실 예멘 사람들이 제주의 문을 두드리기 전에도 한국에 들어와 난민 지위를 신청하는 사람들은 많았다. 난민 신청자 수는 난민법이 제정된 2013년부터 코로나19 범유행으로 신청자 수가 급감한 2020년 전까지 꾸준히 증가해 왔고, 2018년에는 전년도보다 62%나 증가하며 처음으로 1만 명을 넘어섰다.[6] 그럼에도 난민은 국내에서 큰 이슈가 되지 않았다. 그러나 무슬림이 대부분인 예멘 사람들이 제주도라는 특정 지역에 짧은 기간에 몰리며 언론과 일부 극단적 종교 세력의 눈에 띄었고, 그렇게 국내에서도 난민을 둘러싼 (낯)뜨거운 논쟁이 시작되었다.

한국 사회에는 아직 예멘과 같은 서아시아 출신과 아프리카 출신 이주자가 많지 않지만 시민들의 시선은 부정적이다. 2017년 실시된 한 설문조사[7]에서 한국의 설문 참여자들은 서아시아 국가가 포함된 중동과 아프리카 출신 이주자를 다른 대륙 출신 이주자보다 부정적으로 생각한다고 응답했다. 중동 출신 이주자에 대한 부정적인 의견은 66.7%였고, 아프리카 출신에 대한 부정적인 의견은 49.8%였다. 한편, 북미와 유럽 출신에 대한 부정적인 의견은 그 절반도 되지 않는 21.9%와 22.1%에 그쳤다. 이는 아마도 중동과 아프리카 출신 이주자들이 비합법적으로 입국하고 거주한다는 편향된 정보에 익숙하지 않은 문화권에 대한 배타적인 시선이 더해지면서 생긴 편견일 것이다.

사실 한국 사회에서 이주와 이민 자체는 그렇게 낯선 단어는 아니다. 한국 사람 중에도 이민이나 유학 등을 이유로 국외로 나가는 사람을 심심치 않게 볼 수 있고, 사는 지역에 따라 외국인을 자주 마주치기도 한다. 유엔 산하 국제이주기구는 이주자migrant를 아주 넓게 해석하고 있다. 국제이주기구 기준으로 이주자는 법적 지위, 이주가 자발적이었는지 비자발적이었는지의 여부, 이주의 이유, 이주 기간과 관계없이 원래 거주지를 떠나 국경을 넘거나 동일 국가 내에서 이동한 모든 사람이다. 여기에는 비자발적으로 이주한 난민refugee이나 국내 실향민internally displaced person부터 자발적으로 이주했다고 볼 수 있는 이주 노동자와 유학생 등이 모두 포함된다.[8]

한편, 같은 유엔 산하 기구인 유엔난민기구는 국제이주기구의 포괄적 정의에 우려를 표한다. 난민과 이주자를 구분하지 않을 경우, 난민을 대상으로 하는 강제 송환 금지 원칙이나 피난을 위해 허가 없이 국경을 넘을 경우에는 처벌하지 않는다는 국제법 조항이 간과될 수 있다. 이에 유엔난민기구는 이주자에 난민을 포함하지 않고 난민을 독립적인 개념으로 사용하고 있다.[9] 아직 통합된 이민법이 없는 한국에는 이주자나 이민자 일반에 대한 법적 정의는 존재하지 않고, '재한외국인', '결혼이민자', '외국인 근로자', '난민' 등 이주자에 해당하는 몇몇 지위만 관련 법률에 정의되어 있다.

이렇게 다양한 신분의 이주자들이 존재하지만, 많은 이들이 미디어를 통해 접하는 이주자 대부분은 미등록 이주자이다. 사람들은 미디어를 통해 아프리카를 포함한 남반구 국가 출신 사람들은 합법적이지 않은 방법으로 이주한다는 편견을 갖곤 한다. 하지만 이는 실제 일어나는 일과는 명백히 다르다. 2019년 아프리카

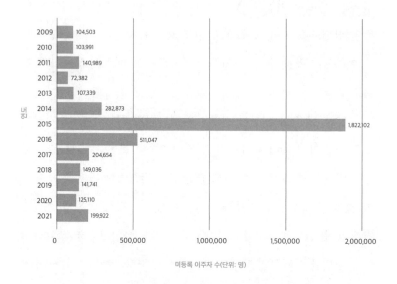

지중해와 인접 경로를 통해 유럽으로 들어온 미등록 이주자 수

연도	미등록 이주자 수
2009	104,503
2010	103,991
2011	140,989
2012	72,382
2013	107,339
2014	282,873
2015	1,822,102
2016	511,047
2017	204,654
2018	149,036
2019	141,741
2020	125,110
2021	199,922

미등록 이주자 수(단위: 명)

출처: FRONTEX, "Migratory Map," 2022년 5월 FRAN and JORA data 참조
위 통계에는 같은 사람이 여러번 국경을 넘나든 경우도 포함되어 정확한 미등록 이주자의 수와는 다를 수 있음

대륙과 서아시아 지역에서 유럽으로 공식 이주한 사람의 수는 약 1,800만 명이었으며, 같은 해 유럽연합 집행위원회의 통계에 따르면 합법적이지 않은 방식으로 아프리카와 서아시아 지역에서 지중해를 통해 유럽연합 국가로 이주한 사람의 수는 14만 명이었다. 그리고 시리아 내전이 한창이던 2014-2016년을 제외하면 미등록 이

주자의 숫자는 대체로 일정한 수준을 유지하고 있다. 즉 99% 이상의 아프리카와 서아시아 출신 이주자들은 국제법이나 국내법에서 정하는 합법적 방식을 통해 이주한다. 입국 이후에도 이들이 합법적인 신분을 유지하는지는 다른 문제이긴 하지만, 여기에서도 미디어는 마치 미등록 이주자가 대다수인 것처럼 그리곤 한다. 한 연구는 2017년 유럽 내 이주자의 12-16%만이 비합법적으로 거주하는 사람들이라고 추정한 바 있다.[10]

전 라이베리아 대통령이자 아프리카 대륙 최초의 여성 대통령인 엘렌 존슨 설리프Ellen Johnson Sirleaf는 아프리카 출신 이주자에 대한 오해와 아프리카 대륙 내에서 이뤄지는 이주에 대해서 더 논의해야 할 필요성을 강조하며 이렇게 말했다.

> "합법적이지 않은 방법으로 지중해를 건너 이주를 시도하는 사람들은 그들의 나라에서 극심한 어려움을 겪고, 많은 경우 인권을 침해받고 있기 때문에 더 많은 관심을 받습니다. 그러다 보니 다수의 아프리카 사람들이 기회를 찾아 대륙을 떠나려 한다는 편견이 생깁니다. 하지만 현실은 이런 편견과 정말 많이 다릅니다."[11]

이주자들이 이동하고 거주하는 방법에 대한 편견 외에도 넘어서야 할 산은 많다. 각 사회에 원래 자리잡고 살던 공동체와 이민자가 어떻게 공존할지에 대한 문제도 뜨거운 논쟁거리이자 편견으로 가득한 영역이다. 예멘 난민을 받아들이는 과정에서 한국 사회는 우리가 얼마나 배타적인지 보여 줬다. 이때 사람들은 예멘에서 온 '난민', 정확한 표현으로 말하자면 자신을 난민이라 주장하며 난민 자격을 신청한 '비호신청자asylum seeker'가 한국 정부로부터 어떤 혜택을 받는지, 난민들이 유럽에서 어떤 문제를 일으키는지, 예멘 사람들이 '우리'와 어떻게 다른지에 관한 이야기에 주목했다. 그리고 일부 사람들은 이들이 '후진국'에서 일자리를 찾아 선진국으로 온 '가짜 난민'이라거나, 이들은 '우리'와 달라 사회에 '동화同化'되지 않고 범죄를 일으킬 것이라는 주장을 펼쳤다. 심지어는 광화문에서 난민 수용 반대 집회를 열기도 했다.

하지만 한국에는 이미 많은 이주자가 존재하고, 흔히 외국인 노동자라 부르는 이주자가 없다면 수많은 공장과 농장은 멈춰야 할 정도로 이들에게 의지하고 있기도 하다. 실제로 외국인 노동자가 창출하는 경제 효과는 74조가 넘고[12] 사람들은 이들과 함께 들어온 세계 각지의 음식과 문화를 일상적으로 누리고 있다. 그런데도 한국의 이주정책을 논의할 때는 난민을 포함한 이주자가 한국에서 어떤 긍정적인 역할을 하는지에 대한 이야기에는 힘이 실리지 않는다. 대신 이민자들에게 일자리[13]와 안전한 밤길을 빼앗기고, 낯선 종교가 퍼지며, '우리'라는 정체성을 빼앗길 것이라는 막연한 두려움과 혐오만 떠돈다. 그리고 영화나 드라마는 백인이 아닌 이주민들은 범죄자로 그리며 혐오를 부추긴다. 이처럼 한국 사회는 그동안 유럽과 북미의 시각에서 아시아와 아프리카 출신 이주자로 인해 일어나는 갈등을 보아 왔고, 정작 한국이 속한 아시아가 아닌 북미와 유럽 사람들의 걱정에 더 공감해 왔다.

하지만 유럽과 북미가 이주위기를 겪고 있다고 주장하기 전부터 아프리카는 유럽보다 훨씬 많은 난민을 받아들였고 난민을 포함한 이주자와 공존하기 위한 정책을 만들어 왔다. 같은 아시아에 속한 국가라고 해서 다른 아시아 국가의 이주자를 쉽게 받아들일 수 있는 게 아니듯, 아프리카 국가들 또한 마찬가지임에도 말이다.

**편견1 아프리카 난민은
대부분 선진국으로 향한다**

미디어에서 다루는 이주위기의 주 무대는 유럽과 아프리카 대류 사이에 있는 지중해이다. 그들이 주목하는 것처럼 지중해와 인근 지역에서 합법적이지 않은 이주가 발생하고 유럽으로 유입되는 난민의 수가 지속해서 증가하는 것도 사실이다. 하지만 미디어는 더 많이 일어나는 일을 오히려 더 적게 다루고 있다. 실제로는 아프리카를 떠나는 이주보다 대륙 내부에서 이동하는 이주가 더 많이 일어나고 있으며, 난민 이주와 같은 강제 이주는 아프리카인의 전체 이주 중 일부에 불과하다.

그동안 우리가 잘 접하지 못했던 아프리카 대륙 내에서 일어나는 이주를 전체적으로 조망할 때, 유럽과 북미의 시각을 넘어 세계적으로 일어나고 있는 이주와 난민 현상을 더 균형 잡힌 시각으로 바라볼 수 있다. 아프리카 각국은 이주자와 난민의 출신 지역인 동시에 오랜 기간 이주자와 난민을 받아들이고 이들과 공존해 온 난민 수용 지역이다. 다양한 출신과 이유로 국경을 넘나드는 이들과 오랫동안 함께해 온 아프리카 각국의 경험은 여전히 이주자와 난민을 낯설어 하는 한국 사회에도 의미있는 선례가 될 것이다.

2017년 한 해 동안 자신이 살던 국가를 떠난 국제 이주자(강제적 이주자와 자발적 이주자 모두 포함) 중 41%는 아시아, 24%는 유럽 출신이며, 아프리카 출신은 14.1%에 해당하는 3,630만 명이었다.[14] 매년 2.5% 이상을 기록 중인 아프리카의 높은 인구 성장률에 힘입어 아프리카 출신 이주자 수는 1990년 대비 80%가 증가하는 등[15] 증가세에 있는 것은 사실이지만, 같은 기간 대륙 전체 인구 대비 이주 인구는 1990년 3.2%에서 2017년 2.9%로 오히려 감소했다.[16] 국가별로는 경제적 이유로 아랍 국가나 유럽 국가로 이주하는 사람이 많은 북아프리카 지역의 이집트(354만 명)와 모로코(314만 명) 출신이 많았고, 사하라 이남 아프리카 국가 중에선 오랜 기간 내전을 겪은 남수단(261만 명)과 소말리아(205만 명), 수단(204만 명) 출신 이주자가 많았다.[17] 참고로 한국 출신의 이주자는 같은 통계에서 이들 국가와 비슷한 수준인 218만 명으로 집계되었다.

이들의 목적지는 어디일까? '아프로바로미터'[18]가 2016년부터 2018년까지 아프리카 34개 국가를 대상으로 실시한 설문 결과에 따르면 다른 나라로 이주할 계획이 있다고 응답한 37%의 설문 참여자가 가장 선호하는 이주 국가는 지역 내 인접 국가(29%)였고, 7%는 같은 지역은 아니지만 아프리카 대륙 내 다른 국가로의 이주를 선호한다고 답했다.[19] 한편 유럽을 선호한다고 응답한 사람은 이보다 약간 적은 27%였고, 북미를 선호한다는 응답은 22%였다. 하지만 남반구 출신 국가 사람들에게 엄격한 북반구 국가들의 이주 정책과 높은 비용으로 인하여 현실은 이러한 선호와 상당한 차이가 있다. 실제로는 출신국이 아닌 다른 나라로 이주하는 아프리카

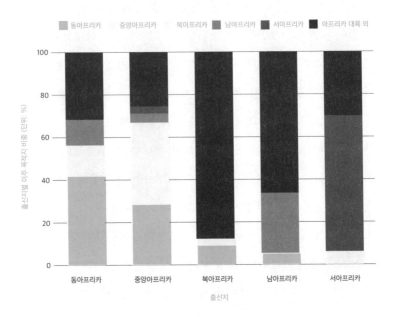

아프리카인들의 지역별 이주 현황(2020년)

■ 동아프리카　중앙아프리카　북아프리카　■ 남아프리카　■ 서아프리카　■ 아프리카 대륙 외

출처: UN, "International Migration Flows,"
https://www.un.org/development/desa/pd/data/international-migration-flows

사람 중 25.7%와 12.2%만이 각각 유럽과 아시아 대륙으로 이주했고, 북미로 이주한 사람은 그보다 적었으며, 절반 이상은 대륙 내의 다른 아프리카 국가로 이주했다. 자발적 이주자가 아닌 난민의 경우에도 아프리카 국가들이 유럽 국가들보다 세 배 정도 많이 받아들이고 있다.

대륙 내 이동 경향은 동아프리카 지역에서 두드러진다. 분쟁을 겪고 있는 수단과 남수단, 그리고 소말리아 사람들이 우간다, 에티오피아, 케냐 등 이웃 나라로 많이 이동한다. 그리고 남아프리카 지역에서는 이웃 국가인 남아프리카공화국으로 모잠비크나 짐바브웨의 사람들이 기회를 찾아 많이 건너간다. 한편, 대륙 밖으로 이주하는 사례는 대부분 지리적으로 유럽과 서아시아와 인접한 북아프리카 지역에서 많이 일어났다. 그렇기 때문에 북아프리카를 포함했을 때 아프리카 대륙 내 이주 비율은 53.4%에 그치지만, 통계에서 북아프리카를 제외하면 사하라 이남 아프리카 국가들의 대륙 내 이주 비율은 70%까지 높아진다. 절반 이상의 아프리카 국가 출신 이주자들은 선진국을 찾아 대륙을 떠나는 것이 아니라, 대륙 안에서 이동한다. 미국의 '아프리카 전략연구소'는 아프리카 출신 강제 이주자의 95%가 아프리카 대륙 내에 남아 있고, 전체의 절반 이상은 출신국 내에서 강제로 이주하게 된 국내 실향민이란 점에 주목하여 아프리카 이주위기의 본질은 "실향민 위기"이며, "유럽으로의 이주는 아프리카 사람들의 강제 이주라는 거대한 빙산의 일각일 뿐"이라고 분석하기도 했다.[20]

아프리카 전략연구소가 실향민 위기를 지적했듯 아프리카뿐 아니라 세계에는 국경을 넘지 않는 강제 이주자들도 많다. 1990년 기후변화에 관한 정부 간 협의체는 기후변화의 가장 중대한 영향은 "해안선 상승과 홍수, 심각한 가뭄 등으로 생겨날 수백만 명의 이주"가 될 것이라고 일찍이 예측했고,[21] 슬프게도 그 예상은 현실이 되었다. 아직 '기후 난민' 혹은 '기후 이주자'는 국제사회에서 공식적으로 인정되거나 국제법에 의한 보호를 받을 수 없지만, 자연재해로 인해서 강제로 원래 살던 곳을 떠나는 사람들은 매해 1,000만 명 이상 발생하고 있다. 특히 기후 이주자들은 대부분 국경 너머가 아닌 국경 내에서 이동한다는 특징을 갖는다. 세계은행은 2050년까지 아프리카, 남아시아, 라틴아메리카 이렇게 세 지역에서만 약 1억 4,000만 명의 사람이 기후변화로 인한 홍수나 흉작, 해수면 상승 등으로 고향을 떠나 국내 다른 지역으로 이동하게 될 것이라고 전망했다.[22] 2019년 한 해에만 전 세계에서 2,500만여 명의 사람들이 기후로 인해 국내 실향민이 되었다. 이는 같은 해 전 세계에서 전쟁과 같은 분쟁으로 인해 발생한 국내 실향민 약 850만 명보다 세 배가량 큰 규모다.[23]

편견 2 아프리카 난민으로
가장 어려움을 겪는 곳은 유럽이다

유럽을 찾는 강제 이주자는 2014년 390만 명에서 2019년 717만 명으로 약 1.8배 증가했다. 유럽에서 가장 많은 난민을 받아들인 독일의 앙겔라 메르켈Angela Merkel 전 총리는 난민 위기가 "유럽에 대한 역사적 시험"이 될 것이라며 난민 수용을 위한 유럽연합의 연대를 호소했고,[24] 버락 오바마Barack Obama 전 미국 대통령은 유럽을 향하는 "통제 불능의 이주"가 미국의 주요 교역 상대인 유럽을 불안정하게 만들어 미국의 안보를 위협한다고 말하기도 했다.[25] 이렇게 온 세계가 나서 유럽의 난민 위기를 걱정하는 것을 보고 있으면 마치 세계는 북미와 유럽으로만 이뤄진 것 같다는 생각이 든다. 하지만 앞서 말한 것처럼 난민 위기는 유럽이 먼저 겪은 것도, 유럽이 가장 심각하게 겪는 것도 아니다.

유럽의 난민 위기는 아프리카와 서아시아 지역의 난민 위기가 극에 달해 이들 국가가 더 이상 난민을 수용하지 못하게 되자 마침내 시작되었다. 가장 대표적인 사례가 2011년 시작된 시리아 내전이다. 내전 초기, 시리아 난민들은 주로 요르단, 터키, 레바논과 같은 이웃 나라에서 피난처를 찾았다. 하지만 이들 국가의 난민 수용

능력이 극에 달한 2014년 무렵부터 유럽으로 향하는 난민들의 숫자가 급증하기 시작했고 그제야 세계 언론은 난민 위기를 중요한 사건으로 다루기 시작했다.

언론에는 유럽으로 가기 위해 지중해를 건너다 변을 당하는 이주자들의 모습이 주로 등장하지만, 유엔난민기구 기준 난민으로 인정된 사람만 670만 명이 넘는 시리아 난민의 약 80%는 지금도 터키(55%), 레바논(13%), 요르단(10%), 이라크(4%) 등 서아시아 국가에 머물고 있다. 한편 유럽 대륙에서는 난민을 가장 적극적으로 수용한 독일(9%)을 제외한 대부분의 국가들이 각각 전체의 1%가 안 되는 시리아 난민을 받아들였다. 그리고 한국은 2021년 기준 1,249명(0.02%)의 시리아 난민을 수용했다.

서아시아가 시리아 내전으로 난민 위기를 겪는 동안 아프리카도 비슷한 위기를 겪고 있었다. 아프리카 내 강제 이주자의 숫자는 2011년 리비아 내전, 아프리카의 뿔 지역 가뭄 등을 겪으며 한 해 만에 30%가량 증가했고, 이후로도 증가세는 계속되어 2010년 1,017만 명 수준이던 대륙 내 강제 이주자 숫자는 2019년 3,428만 명까지 3배 이상 증가해 그동안 강제 이주자를 가장 많이 수용하던 아시아 대륙을 넘어섰다.

한편 지중해를 넘지 못한 채 중간 경유지인 알제리나 모로코

체류 대륙별 강제 이주자 수 변화

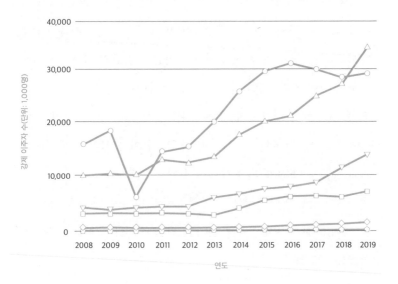

출처: 매해 유엔난민기구에서 발간되는 *Global trends: Forced Displacement* 2016년부터 2019년까지,
UNHCR Statistical Yearbook 2008년부터 2019년까지 참조

에 정착하거나, 나쁜 경우에는 납치되거나 떠돌이 신세가 되어 어떤 통계에도 잡히지 않는 사람들도 있다. 특히 아프리카 출신 이주자들은 리비아를 통해 지중해로 진출하는 경우가 많은데, 이탈리아를 비롯한 유럽연합의 국가들이 리비아 해안경비대를 지원하는

방식으로 불법 이주를 막기 시작했다. 그렇게 리비아의 갇힌 사람들의 상황은 국제사회의 외면 속에서 악화되었다.[26] 2017년 CNN은 〈사람을 팝니다: 400달러에 인생이 경매되는 곳People for sale: Where lives are auctioned for $400〉이란 제목으로 리비아의 수도인 트리폴리 인근에서 열리는 '노예 시장'에서 팔려 나가는 사람들의 이야기를 탐사 보도한 적이 있다. 이런 식으로 유럽 국가들은 지원이라는 이름의 '외주'를 통해 유럽으로 향하는 이주자들을 인근 아프리카와 서아시아 국가에 눌러앉히고 있는데, 유럽연합이 중시하는 가치인 인권과 자유는 이 '외주'의 현장에선 전혀 고려되지 않는 듯하다.

세계은행의 아프리카 지역 부총재인 막타르 디오프Makhtar Diop는 아래와 같이 말하며 아프리카의 난민 위기에 대한 국제사회의 관심을 호소했다.

"세계의 모든 시선이 중동의 분쟁으로 인한 가슴 아픈 난민 위기에 향해 있는 동안 케냐를 포함한 여러 아프리카 나라는 장기화된 난민들을 수용하는 데 어려움을 겪고 있습니다. 이러한 난민과 국내 실향민의 참상은 더 이상 무시되어서는 안 됩니다. 절대다수의 아프리카 난민들은 아프리카 대륙 내에서 움직이며 이들을 받아들인 이웃 나라들에 큰 부담이 되고 있는 것이 현실입니다."[27]

하지만 그는 단순히 아프리카 국가들이 난민 위기로 고통받고 있음을 알리는 데 그치지 않고, 이들이 오랜 난민 위기 속에서 쌓은 경험과 통찰에서 세계가 배울 점이 있다고 주장했다. 디오프 부총재는 아프리카 각국이 강제 이주와 관련해 진보적인 법체계를 갖추고 있는데, 그중에서도 우간다는 특히 포용적인 정책을 펼치며 난민들이 지역 경제에 참여하도록 하는 것이 난민 위기를 해결하는 가장 효과적 해결책이라는 것을 보여주고 있다고 말했다.

우간다

우리도
난민이 될 수 있다

요웨리 무세베니Yoweri Museveni 우간다 대통령은 '2017년 난민을 위한 우간다 연대 정상회의' 개회사에서 아프리카 대호수African great lakes 지역의 오랜 난민 역사를 소개했다.

"우리 대호수 지역의 토착민들은 난민과 수천 년간 함께 해왔습니다. 우리에게 난민이라는 개념은 오늘날 쓰이는 고정된 정의와 달리 역동적이었습니다. 나쁜 지배자가 있을 때, 공동체의 일부는 그 지배자에게서 등을 돌리고 새로운 지배자를 찾아 나섭니다. 그리고 이들은 새로운 지역의 시민이 됩니다. 때때로 일어나는 내전이나 계승 전쟁에서 패배한 편은 자신을 보호해 줄 수 있는 다른 왕국으로 도피합니다. 예를 들어 우리 왕국 중 하나인 부간다Buganda에서는 1797년 두 왕자가 계승 전쟁을 벌였죠. 이 전쟁에서 진 분파는 동아프리카 전역으로 흩어져 새로운 곳의 시민이 되었습니다. (중략) 시민들은 때론 출신 지역으로 돌아가곤 합니다. 안콜레Ankole 왕국의 위대한 지휘관이었던 바크와Bacwa 왕자는 실수로 살인을 저지른 뒤 르완다로 망명했습니다. 이후 그곳의 왕은 그를 의심하여 사형했지만, 아들 비크왓시Bikwatsi는 살려뒀습니다. 이후 비크왓시는 다시 안콜레로 돌아왔고, 안콜레 사람들은 여전히 우리 주변에 있습니다. 이런 난민들은 수피bark-cloth 제작이나 의술과 같은 새로운 기술을 가지고 돌아오곤 합니다. 이것이 식민지배 이전 우리가 가지고 있던 난민 관리 개념이었습니다."[28]

무세베니 대통령이 소개한 아프리카 대호수 지역의 난민에 대한 시각은 우간다의 난민 정책에서도 드러난다. 우간다는 오래전부터 난민을 받아들여 왔고, 지금도 세계에서 네 번째로 난민을 많이 수용하고 있으며, 난민의 자립을 목표로 하는 포용적인 난민 정책을 발전시켜 왔다.

흥미롭게도 현대 우간다의 난민 역사는 유럽에서 온 난민을 수용하며 시작된다. 1930-1940년대 영국의 식민지배를 받고 있던 우간다는 제2차 세계대전으로 발생한 유럽의 난민들을 받아들이게 된다. 5,000여 명의 이탈리아 전쟁 포로와 시민, 그리고 시베리아에서 탈출하여 서아시아를 거쳐 동아프리카까지 내려온 7,000여 명의 폴란드 난민들이 그렇게 우간다의 난민 캠프에 머물다가 전쟁이 끝난 뒤 자국 혹은 제3국으로 이주했다.[29]

유럽인들이 떠난 뒤엔 이웃 나라 국민들이 우간다에서 피난처를 찾았다. 1950년대 중반, 수단의 남부와 북부의 갈등으로 촉발된 1차 수단 내전(1955-1972년)이 심해지고, 르완다에서도 민족 분쟁으로 수만 명의 난민이 우간다를 찾아오면서 우간다의 첫 번째 난민 정착지인 '나키발레 난민 정착촌Nakivale Refugee Settlement'[30]이 형성되었다. 나키발레 정착촌은 지금도 콩고민주공화국, 부룬디, 소말리아, 르완다 등에서 국경을 넘어온 10만여 명의 난민에게 삶의 터전을 제공하고 있으며,[31] 아프리카 대륙에서 가장 오래된 난민 정착촌으로 알려져 있다.

난민을 수용하던 우간다의 상황은 1970년대를 기점으로 뒤바뀐다. 1962년 영국으로부터 독립한 우간다는 각지의 반란과 쿠데타로 정치 불안을 겪고 있었다. 특히 1971년에는 이디 아민 다다 Idi Amin Dada가 군사 쿠데타를 일으켜 역시 쿠데타로 대통령 자리를 차지했던 밀톤 오보테Milton Obote를 축출하고 우간다의 3대 대통령에 취임했다. 그의 공포정치는 〈스코틀랜드의 마지막 왕The Last King of Scotland〉이라는 영화로 만들어질만큼 악명이 높았다. 이디 아민은 정당 활동을 금지하고 아시아인을 추방했으며, 반란을 꾀하고 정권에 반대하는 의견을 냈다는 이유로 수많은 사람들을 무자비하게 살해했다. 그의 임기 동안만 약 30만 명의 사람이 사망했거나 '실종'된 것으로 추산되고 있다. 1979년 이디 아민은 우간다 난민과 연합한 탄자니아군에 의해 쫓겨났지만, 그 이후로도 쿠데타를 비롯한 정치 불안과 폭력은 계속되었다. 한 통계에 따르면 1980년대에는 우간다 인구의 7%에 달하는 수십만 명의 사람들이 원래 살던 곳을 떠나 국내의 다른 지역 혹은 국외로 강제 이주했다. 그중 약 20만 명이 그동안 난민들의 주요 출신 국가였던 수단으로 피난을 갔고, 나머지 수만 명은 국내에서 피난처를 찾았다.[32] 이들 중에는 이디 아민이 취임한 직후 탄자니아로 피신하여 저항 세력을 조직한 요웨리 무세베니 대통령을 포함한 현 정권의 주요 인사들도 포함되어 있다.

1986년, 지금도 정권을 쥐고 있는 요웨리 무세베니가 국민 저항군을 이끌고 티토 오켈로Tito Okello 군사 정권을 무너뜨린 뒤에도 우간다 국내의 분쟁과 강제 이주는 한동안 이어졌다. 특히 오켈로 정권 붕괴 직후 그가 속한 아촐리Acholi 민족이 중심이 되어 우간다 북부 지역에서 일으킨 신의 저항군Lord's Resistance Army 반란은 20여 년간 10만 명 이상의 민간인 사상자를 냈고, 그보다 많은 사람들을 국내 실향민이 되어 떠돌게 했다. 2007년에는 실향민의 숫자가 전체 인구의 6%에 해당하는 170만 명에 이르기도 했다.[33] 이렇듯 우간다 시민들은 오랜 기간 난민을 받아들인 경험이 있을 뿐 아니라, 스스로도 난민이 된 경험을 공유하고 있다.

"난민이 된다는 것이 어떤지 우간다 사람들만큼이나 잘 아는 사람은 거의 없을 거예요. 많은 우간다 사람들은 난민이었습니다. 대부분은 아프리카 역사상 가장 잔혹한 사람이라 할 수 있는 이디 아민 정권 시절 망명했죠. 요웨리 무세베니 현 대통령도 그중 하나였습니다. 이디 아민 정권을 무너뜨린 것도 망명한 우간다 사람들이 조직한 군대였죠. 우리는 쫓겨난 사람들의 절망을 깊이 이해합니다. 그래서 우간다 사람들은 난민을 우리의 형제자매라고 생각하고, 우간다의 문은 그들에게 항상 열려있습니다." ― 우간다 외교부 장관, 제제 오동고Jeje Odongo[34]

오랜 기간 난민과 망명자를 받아들인 우간다는 현재 자국 인구의 약 3%에 해당하는 140만 명의 난민에게 삶의 피난처를 제공했다. 아프리카 국가 중에선 가장 많은 난민을 수용한 국가이며, 세계적으로도 터키, 콜롬비아, 파키스탄에 이어 네 번째로 난민을 많이 수용하고 있다. 우간다 내 난민 대부분은 이웃 나라인 남수단, 콩고민주공화국, 부룬디, 소말리아, 르완다 등에서 내전이나 자연재해를 피해 온 사람들로,[35] 특히 남수단의 내전이 극심하던 2016년부터 2018년 사이에만 약 95만 명의 난민이 우간다에 들어왔다. 그럼에도 우간다는 난민에 대한 '열린 국경'과 '마을 정착' 정책을 지속하고 있다.

난민의 자립을 지향하는
난민 정책을 제정하다

우간다 정부는 1967년, '난민의 지위에 관한 협약Convention Relating to the status of refugees'과 그 '의정서Protocol'에 서명했다. 1987년에는 난민의 정의를 국가를 포함한 특정한 행위자의 박해를 받아 국적국을 떠난 사람에서 자연재해나 기근 등 피난의 이유가 '자명한' 사람으로까지 확대하고, 송환금지 원칙을 명시한 아프리카 연합의

· 주요 규정

- 보호는 모든 난민에게 차별 없이 제공되어야 한다.
- 난민에 대한 최소한의 처우 기준이 준수되어야 한다. 한편, 난민은 비호국에 대해 특정 의무를 지닌다.
- 비호국에서 난민의 추방은 매우 심각한 문제로 국가안보나 공공질서에 대한 위험을 근거로 예외적인 상황에서만 발생해야 한다.
- 비호의 제공이 특정 국가에 과중한 부담을 가져올 수 있으므로 만족스러운 해결책은 국제 협력을 통해서만 가능하다.
- 난민보호는 인도적인 조치이므로 비호 제공이 국가 간 긴장을 야기해서는 안된다.

· 주요 내용

- 난민에 대한 기본정의, 난민지위 정지요건 및 난민지위 배제요건
- 비호국에서의 난민의 법적 지위, 권리와 의무, 자신의 생명이나 자유가 위협받을 영역으로 강제 송환되는 것으로부터 보호받을 권리
- 유엔난민기구가 난민협약의 내용이 적절히 적용되고 있는지를 감독하고 난민 보호 업무를 용이하게 수행할 수 있도록 도와야 할 체약국의 의무

출처: 유엔난민기구 한국 홈페이지

'아프리카 난민 문제의 특정한 측면에 대한 의정서Convention Governing the Specific Aspects of Refugee Problems in Africa (1969)'를 비준하는 등, 1960년대 부터 난민에게 우호적인 정책을 유지해 왔다.

뿐만 아니라 1999년 우간다 정부는 난민에게 농사지을 땅을

제공하고, 이동의 자유를 보장하며, 교육과 의료 서비스 등 기본적인 사회 서비스를 누릴 수 있도록 하는 난민 정책을 '자립 전략Self-Reliance Strategy'이라는 정책 문서로 명시했다. 이 정책의 주요 내용은 2006년 제정된 난민법Refugee Act에도 반영되었다. 이 법은 난민 지위를 획득한 사람은 가게나 회사를 설립할 수 있는 권리, 취업 기회에 대한 접근성과 유급 노동을 할 권리, 우간다 내에서 자유롭게 이동할 권리 등을 갖는다고 명시하고 있다. 이 난민법은 '외국 난민 통제법Control of Aliens Refugee Act (1960)'을 대체하며 우간다의 난민 정책 방향을 통제에서 포용과 자립 지원으로 전환했다.[36]

우간다 난민법에는 난민 지위를 신청했지만 아직 최종 결정이 나지 않은 비호신청자도 난민법에서 정하는 대부분의 대우와 권리를 보장받는다고 명시하고 있어 사실상 우간다에 들어온 모든 강제 이주자들에게 이런 권리가 보장된다고 볼 수 있다. 이는 한국이나 다른 난민 수용국보다 훨씬 포용적이다. 한국에서는 전체 신청자 중 난민 지위를 인정받은 0.5% 이하만이 자유로운 취업 활동을 허가받고, 비호신청자(한국에서는 난민 신청자라는 표현을 더 많이 쓴다)는 난민 인정 신청을 한 후 6개월이 지나야 제한적으로 취업 허가를 받을 수 있다. 그리고 이와 비슷하게 다른 난민 수용국도 일하려는 난민과 비호신청자에게 별도의 취업허가증 취득을 요구하는 경우가 있다.

　이런 이유로 우간다의 난민 정책은 '세계에서 가장 진보적인' 정책으로 불리곤 한다.[37] 다른 난민 수용국과 비교했을 때, 우간다의 난민 정책은 세 가지 측면에서 차별성이 있다. 우선 우간다의 난민들은 난민 캠프에 '수용'되는 것이 아니라 자신의 거주지를 일정 부분 자유롭게 선택할 수 있고 그곳에서 일할 수 있다. 또한 난민들은 농촌 지역의 토지를 제공받아 농사를 지을 수 있다. 마지막으로 난민과 국민들의 교류가 장려되고, 적어도 법률상으로는 난민들에게도 우간다 국민과 동일한 수준의 기본적인 사회 서비스와 시장 접근권이 보장된다. 이러한 정책은 난민을 부담으로 생각하는 것이 아니라 우간다의 발전에 기여할 사람으로 보며 이들의 자립을 지향하는 우간다 정부의 접근법[38]에서 출발한다.

세상에서 가장 자유로운 난민촌, 우간다 비디비디

　난민들이 사는 장소를 의미하는 캠프camp와 난민촌settlement은 누군가에게는 서로 다른 비교 대상이고, 누군가에게는 같은 의미로 사용되곤 한다. 아직 캠프와 난민촌에 대해 어디서나 통용되는 정의는 존재하지 않지만, 학계와 현장에서의 용례를 참고하여 두 단어의 차이를 구분하자면 다음과 같다.[39] 첫째, 캠프에 비해 난민 촌에 사는 난민의 이동은 상대적으로 자유롭다. 둘째, 캠프 난민에게는 생존 전반에 대한 지원이 주어지지만 개인의 소득 활동은 제한되는 반면, 난민촌의 난민들은 지역 경제에 참여하며 상대적으로 자유로운 경제 활동을 한다. 셋째, 난민촌에 비해 캠프의 인구 밀도가 높은 편이다. 쉽게 말하자면 흔히 TV에서 난민들이 사는 곳으로 소개되는 텐트촌이 캠프이고, 난민촌은 난민들이 주로 거주하는 장소로 그 나라의 다른 마을과 모습이 비슷하다.

2015년부터 이어진 미얀마 로힝야 사태로 인해 방글라데시 쿠투팔롱Kutupalong 난민캠프에 50만 명 이상의 난민이 몰리기 전까지 세계에서 가장 큰 난민 정착촌은 우간다의 비디비디Bidibidi 난민촌이었다. 2016년 남수단의 평화협정이 깨지면서 지금까지 28만 명이 넘는 난민이 남수단과 우간다 국경의 황량한 땅이었던 비디비디를 찾았다. 갑작스러운 난민의 유입에도 우간다 정부는 이들이 곧 돌아가리라 생각하면서 텐트에 머물게 하기보다는 이들에게 작은 집을 짓고 밭을 일굴 수 있는 땅, 그리고 매달 약간의 식량과 생필품을 지원했다.

난민들은 정부로부터 받은 땅에서 집을 짓고 농사를 지었으며, 어떤 이들은 장사를 시작했다. 정부는 이 지역에 임시로 쓸 가건물이 아닌 번듯한 학교와 보건소, 그리고 종교시설 등을 만들었다. 이러한 시설은 난민뿐 아니라 우간다 시민들에게도 열려 있었기에 학교에서 난민과 우간다 아이들이 함께 공부하고, 종교시설에서 함께 신앙 활동을 하며 난민과 우간다 시민들은 활발하게 교류하고 있다. 이렇게 비디비디는 난민촌을 넘어 소도시로 발전했다. 2020년 2월, 마침내 반군 지도자인 리크 마차르Riek Machar가 살바 키르Salva Kiir 대통령과 연립정부를 구성하면서 남수단에도 평화의 바람이 불기 시작했다. 남수단에 평화가 조금 더 자리 잡는다면 비디비디와 같은 난민촌의 남수단 난민들은 고향으로 돌아가겠지만, 난민과 우간다 시민들이 함께 일군 비디비디는 여전히 그 지역의 거점 도시로 남아 남수단과 우간다를 연결할 것이다.

"우리는 유럽도 미국도 아닌 집에 가고 싶어요. 왜 내가 농사지을 땅도 없는 곳에 가서 더러운 접시를 닦아야 하나요? 우리는 언젠가 집에 갈 거예요." ─ 전 언론인이자 비디비디 거주 난민, 크리스틴 온지아Christine Onzia[40]

난민의 이동이 자유로운 우간다에서는 비디비디와 같은 농촌 지역이 아닌 수도 캄팔라Kampala와 같은 도시 지역에서도 난민들을 찾을 수 있다. 2020년 7월 기준, 우간다에선 약 8만 명의 난민과 비호신청자가 도시와 시내에 살고 있다.[41] 도시 지역에 정착하면 땅을 지원받을 수 없고 우간다 사람들의 공동체 속에서 살아가야 하기 때문에 루간다Luganda[42]나 영어를 하지 못하면 생활에 어려움이 있음에도 도시에 정착하는 난민들이 있다. 출신 국가에서도 도시에 살았기 때문에 농촌 지역이 익숙하지 않은 사람, 우간다의 농촌 지역에도 분쟁이 일어날까봐 두려운 사람, 도시에서 취업 기회가 더 많다고 판단한 사람 등 난민들은 다양한 이유로 도시에 남아 정부의 지원을 거의 받지 않은 채 살아가고 있다.[43]

70 대 30, 난민과 수용 공동체의 상생을 위한 원칙

아프리카의 난민 수용국들은 최근 난민과 관련해 이중고를 겪고 있다. 난민의 숫자가 날이 갈수록 늘어날 뿐 아니라 난민들이 오랫동안 고향으로 돌아가지 못하고 있기 때문이다. 국제난민기구는 같은 국가에서 온 2만 5,000명 이상의 난민이 수용국가에 5년 이상 연속으로 머무는 경우를 '장기 난민 상황'이라고 정의하고 있다. 2018년 말 기준 전 세계 장기 난민의 숫자는 전체 난민 숫자의 절반 이상인 약 1,600만 명이다.[44] 난민을 포함한 강제 이주가 일시적인 현상이 아니라 5년 이상 이어지는 장기적인 현상임을 알 수 있다. 따라서 단기적인 긴급구호나 인도주의적 지원만을 계속하는 것은 밑 빠진 독에 계속해서 물을 붓는 것과 마찬가지다.

> "현실에서는 말이죠, '우리는 내년에 여러분(난민)을 고국으로 돌려보내는 계획을 세우고 있어요'라고 말할 수가 없습니다. 다만 우리는 그들 고향의 상황이 나아질 때까지 국제사회와 함께 그들을 돌보고, 상황이 나아진 뒤에 귀국을 돕겠다고밖에는 달리 할 말이 없어요. 며칠, 몇 주, 심지어 몇 년이 걸릴 수 있죠. 몇 십 년을 여기(우간다)에 머무는 난민들도 있어요. 난민은 절대 강제로 자국으로 돌려보내져선 안됩니다. 상황이 정상으로 돌아왔을 때만 돌아가길 설득할 수 있어요. 난민은 우리가 바란다고 없앨 수 있는 그런 요소가 아닙니다." — 우간다 재난대비·난민부 부장관, 무사 에크웨루Musa Ecweru [45]

우간다는 난민이 5년 이상 체류하는 것을 넘어 다음 세대로까지 이어지자 현실을 받아들이고 난민을 인도적 차원에서 임시로 수용하는 것에서 한 걸음 더 나아가 난민 발전 정책을 수립하고 있다. 그러다 보니 2016년 유엔이 수용국의 부담 완화와 난민 자립을 이루기 위한 '새로운 방식'으로 제안한 '포괄적 난민대응체제 Comprehensive Refugee Response Framework, CRRF'[46]도 가장 빠르게 도입할 수 있었다. 이 방식이 우간다에 적용되는 과정에서 흥미로웠던 점은 '70 대 30 원칙'이다. 이 원칙은 우간다가 난민과 난민을 수용한 공동체의 상생을 추구하는 방식으로, 난민을 지원할 때 식량 지원을 제외한 전체 지원의 70%는 난민을 위해, 30%는 수용 공동체를 위해서 쓰여야 한다는 원칙이다. 예를 들어 물이 부족한 지역에 우물을 개발한다면, 우물을 수용 공동체 사람들도 쉽게 접근할 수 있는 곳에 개발하여 난민과 우간다 시민들이 함께 활용할 수 있도록 하고 우물 관리 위원회도 양쪽 대표가 함께 참여하도록 하는 식이다.[47] 물론 현장에서 이러한 원칙이 늘 지켜지는 것은 아니지만, 이러한 원칙은 난민과 그들의 이웃인 우간다 시민들이 화합하도록 하는데 큰 영향을 미친다.

또한 우간다 난민법 29조 "우간다 내 난민들의 권리"는 난민들이 "농업, 산업, 수공예, 상업에 종사하고 우간다 법에 따라 상점이나 산업체를 세울 권리"와 "적격한 우간다 내 기관에서 인정되는 전문 자격을 갖춘 난민들이 전문직에 종사할 수 있는 권리" 그리고 "취업기회에 접근할 권리"를 가지고 있음을 명시하고 있다. 이 권리를 활용하여 취업하거나 소득 활동을 하는 난민은 약 28%로 이들 중 절반 이상은 농업에 종사하고 있고, 21%는 소도매업에, 10%는 제조업이나 광산업에 종사하고 있다.[48]

동아프리카의 다른 나라에 머무는 난민들은 우간다의 이런 열린 정책을 찾아 두 번째 이주를 하기도 한다. 우간다에 머물고 있는 소말리 난민의 80%는 처음에 케냐에 머물다가 온 경우로, 이들 중 30%는 이동과 노동의 자유를 찾아 이주했다고 답했다.

"케냐는 힘들어요. 경찰들이 난민을 괴롭히고 난민들은 마음대로 이동할 수가 없어요. 케냐에선 항상 신분증을 가지고 다녀야 해요. 나이로비는 위험하고 범죄가 너무 많습니다. 우간다는 더 안전하고 평화로워요. 걸어다닐 때 아무도 괴롭히지 않아요. 여기서 사는 게 훨씬 편해요." — 우간다에 머무는 소말리 난민[50]

세계은행은 2018년 우간다에서 난민과 수용 공동체를 대상으로 가구조사를 실시하면서 난민이 우간다 경제에 어떤 영향을 미치는지도 조사했다.[51] 조사 결과에 따르면 난민들은 이미 지역 경제의 일원이 되어 다양한 형태로 지역 경제에 기여하고 있다. 웨스트나일West Nile 지역에서는 약 20%의 난민들이 난민촌 밖에서 필요한 물품을 사고 있었고, 난민이 창업한 경우 종업원 5명 중 1명은 우간다 시민일 정도로 일자리 창출에도 기여하고 있었다. 캄팔라에서는 난민이 운영하는 사업체 종업원 4명 중 3명이 우간다 시민이었다. 난민이 지역 경제에 미치는 영향이 아직은 그렇게 크지 않을지라도 이들이 지역 경제에 적극적으로 참여하면 생길 가능성을 잘 제시한 사례라 할 수 있다.

홀로서기가 아닌
세계가 함께하는 자립으로

우간다의 난민 정책은 대체로 좋은 사례로 많이 소개되고 있지만, 우간다 난민 정책과 유엔의 포괄적 난민대응체제의 핵심인 '자립'의 관점에서 바라보는 상황은 조금 복잡하다. 유엔난민기구는 "각자의 기본적인 필요를 충족하고, 인권을 지속 가능한 방식으로 누리며, 존엄을 지키며 살아갈 수 있도록 하는 개인, 가족 혹은 공동체의 능력"으로 자립을 정의한다. 그리고 자립한 강제 이주자는 "독립적이고 생산적인 삶을 살아가고 그들의 권리를 더 잘 누리며, 수용 공동체에도 기여하는 사람"으로 그린다.[52]

하지만 실제 유엔난민기구와 우간다 정부의 프로그램을 살펴보면 자립이란 개인과 공동체가 인권과 존엄을 지킬 능력이 있는지보다는 외부 지원을 줄여도 난민이 살아남을 수 있는 조건을 갖추었는지와 관련이 높다는 생각이 든다.[53] 실제로 우간다 정부가 난민 자립 전략을 시행하면서 난민에게 지원되던 식량 지원의 양이나 보건 서비스가 줄었다는 분석도 있다.[54] 이런 경향은 우간다 난민 정책의 성과를 연구한 여러 보고서에서도 드러난다. 이런 보고서에서는 난민이나 수용 공동체의 자립 정도를 소득이나 학력, 깨끗한 물이나 의료 서비스에 대한 접근성, 그리고 지원에 대한 의존도 등을 통해 판단한다. 우간다 난민들의 소득이나 취업률 등이 환경이 비슷한 이웃 국가의 난민들보다 높으며, 우간다에 머문 시간이 길수록 빈곤율이 낮아지고 외부 지원에 대한 의존도도 낮아진다는 내용을 자립의 성과로 내놓기도 한다.

하지만 자립의 반대말은 외부에 대한 의존이 아니다. 특히나 한국만큼의 사회보장제도와 기반시설이 갖춰지지 않은 나라라면 더더욱 그렇다. 많은 한국 사람들은 자신은 자립해 살고 있다고 생각하겠지만 사실 여러 사회보장제도와 기반시설에 의존하며 살아가고 있다. 자립이란 외부의 환경이나 지원이 일절 없이도 살아남을 수 있는 개인의 경제적인 독립보다는, 개인과 개인 혹은 개인과 공동체가 서로 건강하게 의지하며 어려움을 극복하고 진보를 이어 나가는 상태에 가까운 것이다. 이런 환경이 갖춰지지 않았음에도 우간다의 난민들과 국제개발협력 현장의 참여자들에게는 개인이 홀로서는 자립이 목표가 되는 경우가 많다. 그리고 국제개발협력 사업을 기획하고 시행하는 사람들은 사람들을 빠르게 자립시켜 사업을 종료해야 한다는 압박감을 느끼고는 한다. 하지만 다시 유엔난민기구가 정의한 자립의 의미로 돌아가 난민들이 "인권을 지속 가능한 방식으로 누리며, 존엄을 지키며" 살아가도록 하기 위해서는 난민 개개인의 변화를 넘어 난민 공동체와 우간다 사회가 함께하는 변화를 추구하고 새로운 체계를 만들어야 할 필요가 있다.

국제사회가 우간다를 난민 수용의 좋은 사례로 소개하고 있지만 난민들이 진정한 의미에서 자립을 이루도록 하기 위해선 더 큰 노력과 폭넓은 연대가 필요하다. 기본적인 통계부터 시작하자면 우선 우간다 내 난민 빈곤율은 절반에 육박한다. 그리고 더 많은 수의 난민이 심각한 수준의 식량 불안에 시달리고 있다. 남수단의 위기가 다시 고조된 2016년을 기점으로 난민이 급증하며 난민에게 땅을 나눠주는 관대한 정책도 지속 가능성 측면에서 한계를 드러냈다. 나키발레 난민 정착촌의 경우 2013년 6만 2,000여 명이었던 난민의 숫자가 2018년에는 10만 명을 넘어섰는데, 그 결과 난민에게 제공되는 땅의 크기가 2,500㎡에서 600㎡ 이하로 크게 줄었다.

> "30m×30m의 땅과 나무 기둥 다섯 개, 괭이 하나, 냄비 두 개, 팡가(동아프리카에서 정글도인 마체테를 부르는 이름) 하나, 칼 하나, 제리칸(기름통처럼 생긴 물통) 하나, 대야 하나, 플라스틱 시트 두 장으로 어떻게 난민들한테 자립하라고 말할 수 있나요?" — 나키발레 난민촌 거주 난민[55]

난민의 이주가 원인은 아니지만, 난민을 받아들인 지역 주민들의 상황도 좋지만은 않다. 이들 지역의 빈곤율은 29%로 난민 빈곤율보다는 낮지만 우간다 평균보다 높고 교육 수준이나 생계 수단 또한 난민들과 비슷하다.[56] 그러다 보니 한정된 자원인 농사지을 땅, 그리고 연료나 집의 재료로 활용되는 나무 등을 두고 난민과 수용 공동체가 경쟁하고 심지어는 폭력 사태를 겪는 경우도 일어난다. 가난한 난민 수용 공동체가 난민 캠프에만 몰리는 지원에 좌

절하고 난민들을 시기하여 난민들에게 폭력을 가하거나 지원 물품을 빼앗는 일은 우간다뿐 아니라 세계 각국의 여러 난민 캠프 인근에서 일어나고 있는 일이기도 하다.

그래서 난민의 자립과 정착을 위해서는 공동체 차원에서의 연대가 필요하다. 이는 우간다 정부가 포괄적 난민대응체제 실행 계획에서 밝힌 난민 정책의 패러다임 전환과도 맥을 같이 한다.[57] 우간다 정부가 말하는 새로운 패러다임은 인도주의적 지원 중심의 난민 정책에서 벗어나 장기적 관점에서 난민과 수용 공동체 시민을 위한 통합적 서비스를 제공하고 수용 지역의 경제와 사회 발전을 이끄는 것이다. 사회 전반의 변화를 통해 난민이 이미 가지고 있는 노동할 권리를 차별 없이 마음껏 활용하고, 이동의 자유를 활용해 살고 싶은 곳 어디든 가서 살 수 있는 사회가 될 때, 난민 자립 정책의 목표가 달성되고 난민은 이방인이 아닌 더불어 살아가는 시민이 될 것이다.

그리고 이는 우간다만의 일이 아니다. 우간다의 새로운 난민 패러다임을 따라 아직 가보지 않은 영역까지 가보기 위해선 더 많은 국제 연대가 필요하다. 1951년에 만들어진 난민협약에서 난민은 국제사회 공동의 문제이며 각국이 함께 책임져야 한다고 명시하고 있다. 하지만 우간다 정부를 포함한 많은 난민 수용 국가 정부와 난민 지원 기관은 난민 지원을 위한 재원 부족에 오랫동안 시달리고 있다. 2020년 유엔난민기구의 우간다 난민 지원 프로그램의 예산 대비 확보 재원은 44%에 그쳤다.[58] 그럼에도 우간다는 여전히 국경을 열어 난민과 유럽을 보호하고 있다.

"많은 사람들이 '왜 우리도 유럽처럼 문을 걸어 잠그지 않느냐'고 물어봅니다. 우리는 '문을 닫는 것은 사람들에게 자기 나라로 되돌아가 죽으라는 것과 같기 때문에 닫을 수 없다'고 답합니다. 이 사람들은 우간다에 소풍을 오는 것도, 휴가를 오는 것도 아닙니다. 그들은 자신의 나라에서 박해당하기 때문에 오는 것입니다. 우리가 이렇게 많은 난민을 받아들이는 것은 유럽의 일부를 보호하는 것이기도 합니다." ― 우간다 재난 대비·난민부 부장관, 무사 에크웨루[59]

한편, 몇몇 나라는 자국 이기주의에 빠져 국제 연대와 협력을 흔들고 있다. 2022년 4월, 우간다의 이웃 나라 르완다는 영국과 '르완다 이민과 경제 개발 파트너십Migration and Economic Development Partnership with Rwanda'이란 이름의 협약을 맺었다. 이 협약에 따라 앞으로 영국에 합법적이지 않은 방법으로 입국하는 비호신청자는 르완다로 날아가 그곳에서 심사받고 머물며, 영국 정부는 르완다 정부에 자금을 지원하게 된다. 양국 정부가 협약을 통해 생길 수 있는 긍정적 변화로 내세우는 것은 크게 두 가지다. 첫째는 유럽 대륙에서 영국으로 비합법적 이주자를 들여오는 범죄 조직의 사업 모델을 흔드는 것이고, 둘째는 국제적으로 경제적 이주의 원인이 되는 불균형한 경제적 기회 문제를 직접 다룬다는 것이다. 하지만 이 협약은 발표 직후부터 영국과 르완다 국내, 그리고 세계 여러 나라에서 비판받고 있다. 유엔난민기구는 보도자료를 통해 "유엔난민기구는 충분한 보호 수단과 기준 없이 비호신청자를 제3국으로 보내는 협약에 단호히 반대"하며 이 협약이 "국제적 책임을 전가하고, 회피하며 (국제) 난민 협약의 정신을 위배"한다는 길리언 트릭스Gillian Triggs 보호고등판무관의 말을 전했다. 또한 르완다는 수십 년간 많은 난민들의 피난처가 되어왔지만, 르완다의 난민 대다수는 경제 참여 기회를 충분히 누리지 못한 채 캠프에 머물고 있다며, 부유한 나라들은 르완다에 이미 있는 난민들을 위한 연대에 동참해야 한다는 의견을 덧붙였다.[60]

영국과 르완다는 이 협약을 세계 이주 위기의 해결책으로 선전하지만, 유엔난민기구의 입장처럼 영국은 사실 자국이 져야 할 책임을 르완다에 떠넘기고 있다. 영국이 협약을 맺은 르완다는 영국보다 훨씬 작은 나라다. 르완다 인구는 약 1,300만 명이고, 영국 인구는 6,700만 명이 넘는다. 그리고 국토 면적도 영국이 르완다보다 10배 정도 넓다. 하지만 르완다가 받아들인 강제 이주자는 12만 명이고, 영국이 받아들인 강제 이주자는 13만 명이다. 이런 상황에서도 영국은 자국에 부담이 크니 르완다로 비호신청자를 보내겠다고 말한다. 이렇게 이주자라는 구분을 만드는 국경에 갇힌 채 이주 위기를 바라보면 강제 이주자들은 사람이 아닌 짐이 되어 떠넘겨지고 거래되며 계속 떠돌게 된다.

국경과 편견을 넘어
이주자 새로 보기

이주와 난민 위기의 다른 이름은 차별과 혐오다. 사람들은 난민은 할 수 있는 게 없고 '우리'에게 짐이 될 뿐이라고 생각한다. 무슬림이나 흑인 이주자는 범죄를 일으키고 '우리'의 정체성을 흔들어 놓을 거란 걱정을 쏟아낸다. 그리고 '잘 사는 나라'로 방법을 가리지 않고 이주하려는 '가난한 사람'들이 줄을 서 있을 것이라 착각해서 애초에 문을 열지 말아야 한다고 생각한다. 아프리카와 서아시아가 이미 난민 위기를 겪는 동안엔 침묵하던 선진국 사회는 이들이 본격적으로 유럽 국경을 넘자 이를 '위기'라 부르기 시작했다. 난민 캠프 한편에 무기력하게 앉아 있는 난민의 모습을 보여주며 우리가 커피값을 아껴 기부해야 할 금액이 얼마인지 알려주던 국내의 단체들은 예멘의 난민들이 제주도를 찾았을 때 대부분 침묵했다. 마치 그들은 머나먼 아프리카와 서아시아의 캠프에 머물렀어야 한다는 듯 말이다.

하지만 아프리카 사람들은 고향의 삶을 내팽개치고 유럽으로 달려가지도, 난민들은 가만히 앉아 국제사회와 수용국 정부의 지원만을 기다리고 있지도 않는다. 대신 사람들은 아프리카 대륙 안에서 더 활발히 이동하고, 아프리카 각국 정부는 난민들에게 국경을 열어 두고 있다. 그 속에서 많은 난민들은 여느 시민과 다름없이 사회 구성원으로 살아가고 있다.

북반구 세계가 닫혀가는 동안 아프리카는 어떻게 계속 열려 있을 수 있었을까? 우간다를 포함한 아프리카 여러 국가가 난민을 환대하는 정책을 가지게 된 배경에는 아프리카 대륙 안팎에서 아프리카 사람들의 연대를 외치는 범아프리카주의Pan-africanism가 있다. 범아프리카주의자들은 독립 직후 많은 아프리카 국가를 이끌며, 아프리카 연합의 전신인 아프리카 단결 기구도 만들었다. 이들은 아프리카의 진정한 단결을 위해선 식민주의자들이 임의로 그은 국경을 넘어서야 한다고 생각했고[61] 이런 생각은 난민을 바라보는 관점에도 반영되었다.

예를 들어 대표적인 범아프리카주의자 중 한 명이였던 줄리어스 네레레Julius K. Nyerere가 초대 대통령을 역임한 탄자니아도 독립 직후부터 난민에 대해 '열린 국경 정책'을 가지고 있었다. 네레레 전 대통령은 난민을 문제가 아닌 국가 발전의 잠재력으로 보며 이들을 '개척자settler'라고 부르기도 했다고 한다. 그렇게 국경을 넘어 탄자니아의 외진 곳에 도착한 '개척자'들은 그곳에 도로를 닦고, 학교를 만들고 보건소를 세우며 새로운 지역을 개척했다.[62]

이렇게 1960년대부터 네레레 대통령을 비롯한 범아프리카주의자들은 이주자를 외부인이나 위협, 부담이 아닌 새로운 가능성으로 생각해 왔다. 완벽하지는 않지만 우간다와 탄자니아의 열린 국경 정책, 그리고 아프리카 대륙 안에 형성된 수많은 지역 공동체처럼 나름의 방법으로 국경 넘어서기를 실천해 왔다. 같은 시기 한국과 다른 선진국들은 더욱 좁은 세계에 스스로를 가둔 것만 같다. 저출생으로 인구가 줄어들면 '국가 경쟁력'이 떨어질 것을 걱정하고, 교육, 관광, 제조업 등 모든 분야에서 국제화를 해야 한다고 외치지만 정작 이주자가 우리 사회에 들어오는 것은 반기지 않았다.

특히 남반구 국가 출신은 한국 정부가 외국인의 영역으로 정해 놓은 틀에 맞는 사람만이 이주를 허락받을 수 있다. 한국 사람들이 하지 않으려는 일자리에 노동력을 제공할 수 있거나(외국인 노동자), 한국 사람과 결혼을 하거나(결혼 이민자), 외국에서 한국 정부 기관의 일을 도운(아프가니스탄 특별 기여자) 사람이어야 '재한외국인'이 되어 한국에서 오래 머물며 살아갈 수 있다. 이렇게 이주자에 대해 조건과 장벽을 만드는 방식은 이주자는 영영 이주자로 남긴 채 사람들의 편견을 강화해 이주자에 대한 차별과 혐오를 강화하는 악순환을 일으킬 것이다.

남반구에 더 많은 이주자와 난민이 있지만 그동안 우리는 남반구에서 일어나는 이주와 난민에 대해선 무지했다. 북반구 중심의 세계화를 좇아 왔지만, 이 세계화의 이면에는 난민에 대한 자국의 책임 그 이상을 져온 남반구 국가들이 있고 이주 과정에서 수많은 차별을 겪어야 했던 사람들이 있다. 이주위기가 모두의 문제라는 것을 알게 된 지금, 우리가 먼저 할 일은 이주위기의 최전선을 찾는 것이다. 아프리카가 시도하고 있는 국경을 넘어선 연대에 함께하며 그들의 경험과 새로운 패러다임을 배워야 할 때이다.

【 2장 】

케냐와 기후위기

내가 동아프리카에서 일하고 지내며 만난 농민들은 다가오는 먹구름을 보며 '비는 축복'이라는 말을 하곤 했다. 농촌 지역에는 원할 때마다 물을 사용할 수 있는 수도 시설이 갖춰진 곳이 많지 않아서, 비가 내리는 시기에 맞춰 씨를 뿌린다. 비가 오랫동안 내리지 않으면 밭에 물을 대기 위해 물을 이고 지고 먼 길을 걸어야 하는데, 이마저도 웅덩이나 개천이 말라 쉽지 않다. 이렇게 하늘과 함께 농사를 짓는 농민들에게 비는 하늘에서 내리는 축복이다.

르완다 농촌에서 공동체 자립을 목표로 사업을 할 때 만난 농민들은 부족한 기반 시설이나 부족한 종잣돈과 더불어 기후변화를 어려움으로 지목했다. 예전에는 날씨도 좋고 땅도 비옥해서 농사를 지으면 먹고살 걱정은 없었는데, 이제는 가뭄과 폭우, 그리고 대규모로 일어나는 병충해로 농사를 망치는 경우가 많아 아이들 교육비를 대거나 가족들의 건강보험료를 내는 게 힘들어졌다고 이야기하곤 했다. 하지만, 내게 '천 개 언덕의 나라' 르완다의 풍경은 여전히 너무나 푸르렀다. 그리고 당시에 나는 현대적인 농법을 교육해 농업 생산성을 높인다는 내용이 포함된 농촌개발 사업을 수행하고 있었다. 그러다 보니 농민들이 농사를 잘 지을 줄 모르기 때문에 생기는 문제를 기후변화 탓으로 돌린다는 생각이 들었다.

하지만 농민들은 정말 혼란스러워하고 있었다. 평생 농사를 지어 왔지만, 기후변화가 더 심각해지자 새삼 농사가 낯설어졌다. 실제로 르완다의 평균 기온은 1970년에 비해 1.4도나 올랐고,[1] 매번 정해진 시기에 계절처럼 반복되던 우기와 건기는 언제 시작하고 끝나는지 알 수 없게 되었다. 게다가 시도 때도 없이 닥치는 폭우와 가뭄은 사람들의 삶을 파괴했다. 내가 르완다에 머물던 2018년에 내린 비는 축복이 아닌 재앙이었다. 1월부터 4월까지 4개월 동안 내린 폭우로 200명 이상이 사망했고, 드넓은 논밭이 쓸려 내려갔다. 사상자 대부분은 집이 무너지면서 발생했다. 시골 지역에는 진흙을 굳혀서 만든 벽돌로 지은 집이 많다. 이런 집은 하늘에 구멍이 난 듯 쏟아지는 폭우를 견디지 못하고 무너져 그 안에 있던 사람들을 덮쳤을 것이다. 폭우가 내린 다음 날이면 어김없이 사상자 소식을 접하면서도, 어디선가 날아온 양철 지붕이 동네에 아무렇게 널브러져 있는 것을 보면서도, 튼튼한 집에서 편안한 밤을 보낸 나는 진흙탕이 된 출근길을 불평했다. 이렇게 기후변화는 누군가에겐 일상 속 불편이고 누군가에겐 생존의 문제다. 심지어 누군가에겐 거짓이기도 하다.

'지구온난화'에서
'기후위기'로

이산화탄소로 대표되는 온실가스의 배출이 늘어나 지구의 기후가 변하고 인류의 삶을 위협하는 현상을 과거에는 '지구온난화'라고 주로 불렀다. 요즘에는 '기후변화'라는 표현이 더 많이 활용되고 있고, 사람들이 이 문제에 행동하길 바라는 사람들은 '기후위기'라는 표현을 쓰기 시작했다. 이 세 표현은 서로 같은 현상을 부르는 것 같지만 자세히 들여다보면 그 의미가 조금씩 다르다.

지구온난화는 말 그대로 지구가 따뜻해지는 현상을 뜻한다. '미국 항공 우주국'을 포함한 여러 연구소는 지구의 평균 기온이 1880년과 비교해 약 1도 상승했다는 연구 결과를 내놓았다.[2] 지구온난화의 주요 원인은 산업혁명 이후 급격하게 증가한 이산화탄소의 양이다. 대기 중에 다양한 농도로 분포하는 이산화탄소는 태양에너지를 받은 지구가 배출하는 자외선을 흡수해 공기를 데운다. 이 이산화탄소 농도가 증가하면 공기가 더욱 뜨거워지면서 극지방의 빙하를 녹일 뿐 아니라 수분 증발을 더 많이 일으키면서 대기 온도의 변화 양상을 바꿔 놓는다. 그 결과 전 세계의 날씨와 그 날씨의 장기적인 경향인 기후가 변화한다. 이렇게 이산화탄소로 인해 지구의 온도가 올라가는 지구온난화 현상을 포함해 이에 따라 발생하는 가뭄과 폭우, 한파 등 이상기후 현상을 포괄하는 표현이 '기후변화'다. 기후변화가 심해지면서 '역대 최악'의 산불, 홍수, 가뭄 등의 자연재해 소식이 줄을 잇고 있다.

지구의 평균 기온 상승으로 지난 10년간 북극의 빙하는 13.1% 감소했고, 해수면은 1993년에 비해 약 9.7cm 상승했다.[3] 이렇게만 놓고 보면 기후변화는 마치 북극곰이나 물에 잠기고 있는 태평양의 섬나라 키리바시 사람들이나 걱정할 만한 이야기인 것처럼 들리지만, 사실 이 문제는 이 시대를 사는 사람들 대부분에게 영향을 미치고 있다. 벨기에의 '재난역학연구센터'가 운영하는 세계적인 재난 데이터베이스인 'EM-DATEmergency Events Database'에 따르면 2000-2019년 사이 발생한 자연재해는 7,348건으로, 1980년과

1999년 사이 발생한 4,212건의 두 배 수준이다. 같은 기간 한국의 자연재해 횟수도 500여 회에서 900여 회로 두 배 가까이 증가했다. 특히 홍수와 태풍의 발생 횟수 증가가 두드러진다. 이들 재난은 지난 20년간 약 124만 명의 생명을 앗아갔고, 전 세계 인구의 절반 이상인 42억 명의 삶에 영향을 미쳤다.[4] '세계보건기구'는 매년 15만 명이 기후변화와 관련해서 사망한다고 추산하기도 했다.[5]

만약 어떤 국가에서 쿠데타가 일어나고 군부 정권이 매년 몇백, 몇 천 명의 사람을 살해한다면, 사람들은 그 현상을 정권 '변화'가 아닌 '위기'라 부르며 모두가 관심을 가지고 행동해야 한다고 말할 것이다. 이러한 맥락에서 최근 기후변화를 위기라 부르는 사람들이 늘어나고 있다. 2019년 영국의 언론사인 가디언은 앞으로의 기사에서 기후변화 대신 '기후위기(climate crisis 혹은 climate emergency)'라는 표현을 쓰기로 했다며 기후변화라는 표현은 현 상황의 심각성을 제대로 전하지 못한다고 지적했다. 그리고 기후위기라는 표현을 통해 이 문제를 과학만의 영역이 아닌 모두의 일로, 미래가 아닌 지금 일상에서 대응해야 할 '매우 중요한' 사안으로 다루겠다고 덧붙였다.[6]

아프리카,
기후위기의 최전선

    기후위기는 지구적 문제지만 그 원인과 영향은 불평등하다. 1751년부터 지금까지 아프리카 대륙 전체가 배출한 이산화탄소의 양은 전 세계 배출량의 약 3%다. 대륙까지 갈 것도 없이 대륙에 속한 나라들인 미국(25%), 중국(12.7%), 러시아(6%), 일본(4%)의 역대 탄소 배출량이 아프리카 대륙 전체보다 더 높다.[7] 하지만 2019년 자연재해의 피해를 가장 크게 입은 국가는 남아프리카 지역의 모잠비크와 짐바브웨, 그리고 카리브 제도의 바하마[8]같은 남반구 국가들이었다. 유엔의 안토니오 구테흐스Antonio Guterres 사무총장도 2018년 한 연설에서 기후위기의 책임은 대부분 부유한 국가들에 있는데, 그 영향은 가장 가난하고 취약한 사람들이 먼저 느끼고 있다고 말한 바 있다.[9]

    《재난 불평등: 왜 재난은 가난한 이들에게만 가혹할까》의 저자 존 C. 머터John C. Mutter는 "재난당 사망자 수에 있어서 가장 중요한 요소는 가난"이라며 스톡홀름 대학교 국제경제연구소의 데이비드 스트롬버그David Stromberg의 연구를 인용하여 "형태가 동일한 지리물리학적 사건이 발생할 때, 부유한 나라의 사망자 수는 가난한 나라 사망자 수의 30%밖에 되지 않는다"고 썼다.[10] 아프리카 대륙의 탄소 배출량은 여느 대륙보다 낮아 기후변화에 가장 적게 기여했지만, 역설적이게도 세계 빈곤인구의 절반이 살고 있기에 기후변화의 피해를 가장 많이 입었고, 지금도 기후변화를 온몸으로 경험하고 있다.

우간다의 청년 기후활동가 바네사 나카테Vanessa Nakate는 한 인터뷰에서 이런 질문을 던졌다. "누군가 여러분에게 삶과 죽음 중에 택하라면 무엇을 선택하시겠어요?" 자신은 당연히 삶을 택하겠다고 스스로 답한 나카테는 기후위기가 바로 그 죽고 사는 문제라고 말했다.

> "이건 미래의 사태가 아니에요. 기후변화는 이미 존재하고 사람들은 기후위기로 생명을 잃고 있어요. 사람들은 기후변화로 인한 재난을 겪어 왔고 지금도 겪고 있어요. 저는 기후변화가 단지 가뭄이나 홍수, 폭우, 산사태를 일으키는 정도의 문제가 아니라는 걸 깨달았어요. 기후변화는 사람들의 꿈과 희망을 빼앗고 삶을 완전히 바꿔 놓고 있어요. 기후변화는 그들의 미래를 빼앗고 있어요."[11]

나카테의 말처럼 이미 아프리카 사람들에게 기후변화는 삶과 죽음의 문제이고, 사람들은 삶과 죽음의 갈림길에서 삶을 위한 길을 찾고 있다. 기후변화는 아프리카 대륙 동서남북 할 것 없이 거의 모든 곳에서 사람들의 삶을 위협하고 있다.

사하라 사막과 그 남쪽 경계 지역인 사헬 지역을 품고 있는 아프리카 북부에서는 고온 현상이 극심하다. 사하라 사막에 있는 알제리의 와글라Ouargla 지역은, 2018년 7월에 기온이 51.3도까지 오르며 아프리카 대륙 기상 관측 역사상 가장 높은 온도를 50여 년 만에 경신했다. 사헬 지역은 '기후변화의 핫스팟'이라 불리며 세계 평균보다 50%나 높은 온도 상승으로 유례없는 기후를 경험하게 될 것이라는 암울한 전망의 주인공이 되기도 했다.[12] 사헬 지역은 사하라 사막 바로 아래 위치한 척박한 지역이지만 그곳에도 사람이 산다. 사헬 지역에 걸쳐 있는 나라의 인구를 다 합치면 1억 명 이상이고 심지어 인구 증가세도 빠르다.

한편 사하라 사막 북쪽은 해수면 상승으로 어려움을 겪고 있다. 이집트 인구 절반가량이 사는 지중해 연안 나일강 삼각주[13]는 해수면이 올라가면서 홍수가 일어나는 빈도가 잦아지고 홍수 규모도 커지고 있다. 이집트의 식량 대부분은 이 지역에서 생산되는데 농지에 바닷물이 스며들어 농업 활동에도 문제가 생겼다. 한 연구

에 따르면 이미 이집트의 농토 35%가 바닷물에 피해를 입었다고 한다.[14]

남아프리카에서는 태풍이 기승이다. 모잠비크와 짐바브웨에서 2019년 자연재해로 사망한 사람은 각각 700명과 347명이고, 이들 대부분은 2019년 3월, 남아프리카 지역을 강타한 사이클론 이다이Idai로 인해 사망했다. 모잠비크는 이다이의 상흔이 채 가시기도 전에 '아프리카 대륙의 기상 관측 역사상 가장 강력한 태풍'인 케네츠Kenneth가 강타하는 이중고를 겪기도 했다. 이 두 태풍으로 모잠비크가 입은 피해는 모잠비크 정부 연간 예산의 절반에 달하는 32억 달러로 추산된다.[15] 2022년 남아프리카공화국 콰줄루나탈KwaZulu-Natal 지역에서는 60년 만에 발생한 최악의 폭우와 홍수로 400명이 넘는 사람이 목숨을 잃기도 했다.

동아프리카 지역에서는 유례없는 가뭄과 홍수가 몇 해에 걸쳐 반복되며 사람들의 삶을 파괴하고 있다.[16] 2017년 아프리카의 뿔 지역[17]에서 일어난 대가뭄은 에티오피아와 지부티, 소말리아, 케냐, 남수단 등 8개 나라 1,700만 명의 사람들을 인도적 지원이 필요한 상황으로 몰아넣었고,[18] 그다음 해인 2018년에는 반대로 폭우가 쏟아져 르완다에서는 4개월 만에 200명 이상이 사망했다. 케냐에서는 비슷한 시기 150여 명이 사망하고 약 30만 명이 실향민이 되었

다.[19] 이때 르완다에 내린 비는 연평균 강수량의 191%였다.[20]

기후변화는 많은 경우 사회 문제로 이어지기도 한다. 사막화의 사례로 종종 소개되는 차드 호수Lake Chad는 지난 60년 동안 90%나 말랐다. 1963년 2만 6,000km²의 넓이로 아프리카에서 가장 큰 담수호 중 하나였던 차드 호수의 넓이는 현재 1,500km²에 불과하다. 차드와 카메룬, 니제르, 나이지리아 국경이 만나는 이 호수 주변에서 살아가는 사람은 약 2,000만 명인데,[21] 호수가 마르면서 많은 사람들이 식수를 얻기 힘들어졌고, 호수를 활용하는 농업과 어업에 종사하는 사람들이 큰 어려움을 겪고 있다. 고통은 여기서 그치지 않는다. 보코 하람과 같은 테러리스트 조직이 지역의 위기 상황을 이용해 세력을 넓히자 정부는 이들을 진압하기 위한 군사 작전을 펼쳤고, 시민들은 물을 찾아 이동할 수조차 없게 되었다.[22] 여성의 상황은 더 심각하다. 나이지리아의 에코 페미니스트 올라두수 아데니케Oladusu Adenike는 차드 호수의 기후위기가 특히 여성 인권과 관련이 있다고 말한다.

"그들(여성)은 물을 길으러 먼 거리를 가야 합니다. 물을
얻기 위해 먼 거리를 가는 동안 성폭력을 당할 수 있습니다. 강
간당할 수도 있습니다. 여성의 교육권에도 영향이 있습니다.

여성들은 가족을 돌보기 위해 학교를 그만두기도 하기 때문이죠."[23]

말리와 소말리아에서도 기후위기가 분쟁의 증가로 이어지고 있다. 말리, 소말리아, 그리고 차드에 사는 많은 사람들은 농업이나 어업, 유목처럼 자연환경을 활용하여 생계를 이어간다. 그런데 기후변화로 농사를 짓고 가축의 풀을 먹일 수 있는 땅과 물 같은 중요한 자원이 줄어들었고, 자원을 차지하기 위한 갈등은 심해졌다. 이때 무장 세력은 폭력을 통해 사람들의 갈등에 개입하고, 자원을 통제하며 영향력을 키워 나간다. 한 연구는 우기에 비가 평소보다 적게 오면 무장세력의 조직원 모집이 더 잘된다는 분석 결과를 내놓기도 했다.[24]

이 외에도 기후변화가 직접적인 원인이 되거나 기존의 문제를 증폭시키는 사례는 많다. 예를 들어 홍수가 더 자주 일어나면 곳곳에 생긴 물웅덩이에서 모기가 많이 생기고, 이로 인한 말라리아 감염이 늘어나 보건 문제가 심해진다. 기온의 변화로 작물이 잘 자라지 못하게 되어 생산량이 줄어들면 사람들의 영양 부족 문제나 빈곤 문제가 심해지기도 한다. 특히 기후의 영향을 많이 받는 아라비카 커피의 경우, 30년 후에 전체 재배지의 절반 정도가 기후변화로 파괴될 것이라는 암울한 전망도 있다.[25] 커피 농업에는 수천만 명의 생계가 달려있다. 그리고 자연재해가 증가할수록 강제로 이주해야 하는 사람의 수가 많아지기 때문에 이주 문제에도 영향을 미치게 된다.

지금은 지리적 여건과 기반 시설의 차이로 기후변화의 영향이 지역마다 다르게 나타나고 있지만, 이대로라면 기후변화를 체감하게 될 사람들은 앞으로 더 늘어날 것이다. 2021년 여름, 서유럽은 유례없는 자연재해를 겪었다. 독일과 벨기에에서는 큰 홍수가 일어 최소 240명이 목숨을 잃었고, 이탈리아에서는 거대한 우박이 떨어지고 폭풍우가 몰아쳐 사람들이 다치고 많은 집과 차량이 피해를 보았다. 이때 전 세계 사람들은 TV 뉴스와 포털 메인 사이트, 뉴스 애플리케이션에서 전하는 속보 알림을 통해 독일과 이탈리아에서 무슨 일이 일어났는지를 실시간으로 들을 기회가 충분했다. 하지만 비슷한 시기에 알제리에서 일어난 큰 산불, 우간다와 나이지리아에서 일어난 홍수에 대해서는 알기 어려웠다. 2021년 여름에 발생한 자연재해는 선진국 사람들도 기후위기의 영향을 직접 받는 삶, 아프리카 사람들이 이미 겪고 있는 그 삶에 들어섰다는 것을 의미하는지도 모른다. 그런데도 세계는 여전히 아프리카의 목소리에 충분히 귀 기울이지 못 하고 있다.

케냐의 기후 활동가 엘리자베스 와투티Elizabeth Wathuti는 2021년 제26차 유엔기후변화협약 당사국 총회Conference of the Parties, COP26를 앞두고 CNN과의 인터뷰에서 "제26차 유엔기후변화협약 당사국 총회가 곧 시작됩니다. 26년간의 말, 말, 말뿐인 회의 말이죠. 지금 해야 하는 일과 하고 있는 일의 격차가 갈수록 커지고 있어요"라고 말했다. 그는 가뭄으로 국가 비상사태가 선포된 케냐처럼 기후위기를 이미 겪고 있는 사람들의 목소리를 외면하고, 본질적인 전환을 위해 행동하지 않는 국제사회와 정치인들을 비판했다. 1980년대 본격적으로 시작한 국제사회의 기후변화 대응을 살펴보면 대단히 전문적이고 아름다워 보인다. 하지만 어느 시점부터는 담대한 전환으로 나아가지 못한 채, '말, 말, 말'만 반복한다는 느낌이 든다.

와투티를 포함한 많은 아프리카 출신 기후 활동가와 연구자는 절박한 심정으로 기존의 생산과 소비, 자본주의 체제와 결별한 대전환을 지금 실천해야 한다고 외치고 있다. 하지만 국제사회의 기후변화 대응은 '더 많이'를 반복하는 체제에서 크게 벗어나지 않으려는 선진국 중심으로 결정된다. 그리고 기후변화를 겪고 있는 아프리카와 기후위기 최대의 당사자인 청년들은 이 나아가지 않는 회의에서 조연 취급받거나 심지어 지워진다. 2020년 초, 우간다의 바네사 나카테는 스위스 다보스Davos에서 열린 세계경제포럼에 맞취 스웨덴의 그레타 툰베리Greta Thunberg 등과 함께 기후위기 캠페인을 했다. 그러나 미국의 AP통신은 기사를 내보낼 때 나카테를 사진에서 잘라 냈다.[26] 뿐만 아니라 영국 로이터통신이 발표한 2021년 '세계 최고의 기후 과학자' 1,000명의 명단에 아프리카 출신 과학자는 5명(남아공 4명, 케냐 1명)에 그쳤다.

하지만 우리는 아프리카 없이 기후위기를 넘어선 미래를 상상하고 만들 수 없다. 아프리카는 두 가지 이유에서 기후위기 대응의 미래이기 때문이다. 첫째, 아프리카의 경제와 인구는 빠른 속도로 성장하고 있다. 유엔은 2050년까지 전 세계 인구가 약 20억 명 정도 늘어날 것으로 예상하는데, 그중 52%가 사하라 이남 아프리카 국가들에서 더해질 것으로 보았다. 이 예측이 맞는다면 2050년 전 세계 인구 다섯 명 중 한 명은 사하라 이남 아프리카 출신일 것이다.[27] 이렇게 많은 사람들이 살고 있고, 살게 될 아프리카가 앞으로 과거 선진국의 생산과 소비 양식을 따라갈지 혹은 지금의 저탄소 생활 양식을 활용하여 새로운 대안을 만들지에 기후위기 대응의 성패가 달려있다. 1인당 소득 증가로 아프리카 대륙의 시장은 커지고, 에너지 수요도 급증하고 있다. 2050년이 되면 사하라 이남 아프리카의 에너지 수요가 라틴아메리카와 중동 및 북아프리카를 각각 뛰어넘을 것이라는 전망도 있다.[28] 아프리카 나라들은 상당수가 풍부한 지하 매장 자원을 보유하고 있다. 늘어나는 에너지 수요를 비용이 많이 드는 재생 에너지 발전 설비 도입을 통해 해결하기보다는 화석연료를 태워 충당하는 편이 훨씬 더 쉬울 것이다. 아프리카가 '후발 주자'인 자신들도 오염할 권리가 있음을 외치며 화석 연료를 동력 삼아 발전해 나갈지, 아니면 재생 에너지가 중심이 되는 체제를 만들지, 나아가 선진국 사람들이 가진 모든 것을 욕망하며 더 만들고 더 소비하는 사회를 만들지, 아니면 양적 성장 담론에서 벗어난 새로운 삶의 양식을 우리에게 보여줄지는 아프리카를 포함한 전 세계가 얼마나 함께 고민하고 협력하는지에 달려있다.

둘째, 기후변화의 악영향을 직접 경험하고 있는 아프리카는 적응을 위한 진화를 시작했다. '우리가 원하는 아프리카The Africa We Want'라는 부제와 함께 아프리카 대륙 발전의 장기 청사진을 담은 아프리카 연합의 '의제 2063Agenda 2063'은 기후위기에 대한 전략으로 '적응'을 우선순위로 삼고 있다. "아프리카는 모든 실천에 적응을 우선순위로 두어 기후변화라는 전 지구적 문제를 해결"할 것이라며 이를 통해 "섬나라를 포함한 가장 취약한 사람들의 생존과 지속 가능한 발전, 공동 번영"을 추구하겠다는 포부를 밝혔다. 그리고 실제 아프리카 각국에서는 기후변화 적응을 위한 실천이 이어지고 있다.

기후위기에 대응하는 두 가지 방법: 완화과 적응

'완화'는 기후변화를 심화하는 주원인인 온실가스 배출을 줄여 기후변화 자체를 줄이는 것을 목표로 한다. 에너지 효율을 높이거나 화석연료를 재생에너지로 대체하거나 자원의 재활용과 재사용을 늘리는 등의 활동이 완화에 포함된다. 특정 활동으로 발생한 온실가스 발생량만큼 다른 곳의 탄소 배출 활동에 참여하거나 환경 기금에 투자하여 균형을 맞추는 상쇄도 기후변화 완화의 방법으로 언급되곤 한다. 하지만 상쇄는 탄소 배출을 피할 수 없을 때 마지막 수단으로 활용되거나 탈/저탄소 전환을 위한 과정으로 활용될 때만 기후변화 완화에 기여한다고 볼 수 있다.

'적응'은 기후변화로 인한 실제 영향이나 예상되는 영향에 대비하여 자연이나 사회를 바꾸는 것으로, 주로 피해를 줄이는 것을 목적으로 한다. 홍수에 대비해 수로를 정비하거나 산사태 피해를 줄이기 위해 나무를 심거나 조기 경보 시스템을 갖추는 것 등이 적응을 위한 활동에 포함된다.

기후변화 적응이라는 표현은 아직 조금 생소하지만, 기후변화에 적응하는 것은 곧 모두의 일이 될 것이다. 2021년 발간된 기후변화에 관한 정부 간 협의체의 보고서에 따르면, 지구의 기온이 계속 증가함에 따라 이상기후 현상도 증가하게 되는데 이 보고서에서 한국은 특히 산사태와 태풍이 증가할 국가로 언급되어 있다. 한국은 기후변화 적응보다는 탄소중립이나 녹색 산업 발전처럼 탄소 배출을 줄이거나 배출량을 상쇄하는 완화에 더 많은 관심을 쏟고 있지만, 한국 정부도 '국가 기후변화 적응대책'을 발표하는 등 우리의 삶에 서서히 스며들고 있는 기후위기에 적응하기 위한 준비를 이미 시작했다.

기후변화 대응을 위한
국제협약의 시작

1980년대 들어 국제사회는 전 세계적인 기상재해와 이상기후를 경험하기 시작했다. 특히 1988년 여름의 유례없던 폭염과 미국에서 일어난 대규모 가뭄과 산불은 기후변화에 대한 세계의 관심을 깨워 종전까지 학자들의 연구 대상에 머물던 기후변화 문제를 국제사회의 중요한 의제로 바꾸어 놓았다.[29] 그 영향으로 바로 다음 해인 1989년, 유엔환경계획과 세계기상기구의 지원을 받는 '기후변화에 관한 정부 간 협의체'가 창설되었고, 지금까지도 기후변화의 원인, 잠재적 영향, 그리고 대응 방안에 관한 과학적 연구 결과를 종합해 평가보고서Assessment Report, AR를 발간하고 있다.

1992년엔 세계 각국 대표들이 브라질 리우데자네이루에 모여 국제 기후 의제의 근간이라고 할 수 있는 '기후변화에 관한 유엔기본협약(이하 유엔기후변화협약)'에 서명했다. 현재 기후변화협약에 서명한 국가는 약 200개로, 이 국가들을 '당사국'이라고 부른다. 200개의 국가 중 과거 산업화 이후 더 많은 온실가스를 배출한 선진국들은 협약의 '부속서 I Annex I'에 온실가스 배출량을 더 많이 줄일 의무가 있음을 별도로 명시하고 있다. 기후변화협약은 대기 중의 온실가스 농도를 안정화하는 것을 목표로 했지만 온실가스를 감축하기 위한 구체적인 방법은 담고 있지 않다는 한계가 있다.

1997년 158개국 대표단과 200개가 넘는 비정부기구가 참석한 가운데 교토에서 열린 제3차 유엔기후변화협약 당사국 총회COP3는 감축 의무를 부담해야 하는 국가 명단과 구체적인 감축량을 명시한 '교토의정서 Kyoto Protocol'를 채택했다. 교토의정서에 따르면 온실가스 감축 의무를 이행하는 방법은 크게 세 가지인데, 이 방법들은 시장의 방식으로 문제를 해결할 수 있다는 믿음에 뿌리를 두고 있다. 첫 번째 방법은 '공동이행'으로, 기후변화협약 부속서 I에 명시된 국가가 부속서 I에 명시된 다른 국가에 투자하여 온실가스 배출을 감축하는 것이고, 두 번째 방법인 '배출권 거래'는 부속서 I에 포함된 다른 국가에 할당된 탄소 배출권을 사오는 것이다. 이 두 가지 방법은 주로 선진국 사이의 거래로 문제를 해결하는 방법이고, 세 번째 방법인 '청정개발체제clean development mechanism'만이 유일하게 부속서 I에 포함되지 않은 개발도상국과 관련이 있는 제도이다.

청정개발체제는 선진국이 개발도상국의 온실가스 감축 사업에 투자하면 그 감축 성과를 선진국의 감축으로 인정해 주는 탄소 상쇄 제도이다. 예를 들어 부속서 I에 포함된 국가가 개발도상국에 태양열 발전 시설을 지원하거나 에너지 효율이 높은 온수기를 지원하면, 이를 통해 감축한 온실가스 배출량을 부속서 I 국가의 탄소 배출권으로 인정해 기존 배출량에서 삭감해 준다. 청정개발체제는 선진국이 개발도상국에 자금을 투자하고 온실가스 감축기술을 자발적으로 이전해 교토의정서상 감축 의무가 없는 개발도상국도 이산화탄소 감축에 동참할 수 있도록 했다. 하지만 이 체제는 아프리카에서는 거의 활용되지 않았다.

우선 남아프리카공화국을 제외한 아프리카 대다수 국가에는 탄소를 대량으로 배출하는 중공업, 운송업, 제조업과 같은 굴뚝 산업의 규모 자체가 작아 이 제도의 활용처가 적었다. 그리고 활용처가 있어도 부족한 제도와 기반 시설로 인해 청정개발체제로 인정받기 위한 절차가 선진국보다 훨씬 복잡하고 비용도 많이 들었다.[30] 이런 이유로 아프리카 국가들은 청정개발체제에 거의 참여할 수 없었고, 대신 탄소배출을 많이 하면서도 개발도상국으로 분류된 중국과 인도 같은 나라가 이 제도를 활용해 많은 투자를 유치했다. 2021년 기준 전 세계 청정개발체제 프로젝트의 70%가 중국과 인도에 집중되어 있고, 당시 '개발도상국'으로 분류된 한국에서는 1.14%에 해당하는 프로젝트가 진행되었다. 한편, 아프리카의 경우 아프리카 모든 국가에서 진행된 프로젝트를 합쳐도 전체의 2.9%에 불과하다.[31]

교토의정서는 탄소 배출권을 사고팔 수 있으면 자국 내에서 탄소 배출을 줄이기 어려운 선진국들이 다른 나라의 탄소 배출권을 사거나 탄소 감축에 투자하게 되면서, 지구 전체로 봤을 때 탄소 배출량을 줄일 수 있을 것이라는 시장 논리로 문제를 해결하려고 했다. 하지만 국제 탄소 시장은 여느 시장과 마찬가지로 기울어져 있었다. 탄소 배출량 거래는 대부분 선진국 사이에서만 가능하고, 탄소 배출량이 매우 적을 뿐 아니라 심지어 탄소를 흡수하는 넓은 숲과 밭을 가꾸고 있으며 엄청난 양의 국제 폐기물을 처리하고 있는 개발도상국의 탄소 저감은 이 시장에서 어떤 가치도 인정받지 못했다.

교토의정서의 1차 공약 기간(2008-2012년) 이후 아프리카를 포함한 개발도상국은 의정서가 법적 구속력이 있고 산업화된 국가의 과거와 미래의 온실가스 배출 책임을 묻는다는 점에 주목하며 2차 공약으로 이어지길 바랐지만,[32] 온실가스 감축 의무가 있는 당사국 대부분이 2차 목표치가 담긴 개정안을 비준하지 않으면서 교토의정서 체제는 일찍 막을 내렸다. 교토의정서 체제에서 감축할 탄소도 거의 없고 감축을 위한 재원을 내놓을 수도 없었던 아프리카 국가들은 협상 과정에서 선진국들의 역사적, 윤리적 책임론을 제기하는 것 외에 큰 역할을 할 수 없었다. 그리고 아프리카 각국의 이해관계 또한 달랐다.

2009년 코펜하겐에서 열린 제15차 유엔기후변화협약 당사국총회COP15는 선진국과 개발도상국, 그리고 아프리카 국가 사이의 분열을 극명히 보여주었다. 당시 회의에서 130여 개 개발도상국의 그룹인 G77을 대표한 수단의 유엔대사 루뭄바 디 아핑Lumumba Di-Aping은 코펜하겐 회의가 정한 기온 상승 2도 제한 목표를 비판했다.

"몇몇 나라의 경제적 지배력을 지키기 위해 아프리카가
자살 조약에, 화장 조약에 서명하도록 강요할 수는 없습니다.
(중략) 여기(코펜하겐 합의)에는 책임감과 윤리가 빠져있습니다.
제 생각에 이는 600만 명의 유럽인들을 화장장으로 내몬 바로
그 가치[33]에 기반한 해결책입니다"[34]

그는 강한 분노와 좌절감을 표현했고 여러 아프리카 국가가

디 아핑과 함께했다. 하지만 경제 성장을 위해 자국에 대한 탄소 배출 규제를 완화할 필요가 있던 신흥공업국인 브라질, 인도, 중국과 함께 'BASIC'[35]을 결성한 남아프리카공화국은 이들 국가와 함께 최종 합의문 작성에 참여했고, 당시 코펜하겐 회의를 주도하던 미국을 주요한 동맹국으로 둔 에티오피아도 공식적으로 코펜하겐 합의를 환영했다.[36]

지구 온도
1.5도를 지켜라

당사국들은 2011년 남아프리카공화국 더반Durban에서 열린 제17차 유엔기후변화협약 당사국 총회COP17에서 2020년 이후 적용될 새로운 목표를 논의하는 기구인 '더반 플랫폼Durban Platform'을 구성했고, 2015년 말에 '파리협정Paris Agreement'이 탄생했다. 파리협정은 지구의 평균 온도 상승을 산업화 이전 대비 2도 이하로 유지하고, 1.5도를 넘지 않도록 노력하는 것을 목표로 한다. 구속력 있는 국제협정으로는 최초로 목표 온도를 명시한 것이다. 그리고 교토의정서가 선진국의 감축 의무를 강조한 것과 달리 파리협정은 모든 당사국이 스스로 설정한 목표를 정해 '국가결정기여(Nationally Determined Contribution, 이하 NDC)'라는 이름의 문서로 제출할 의무를 부과했다. 그 결과 감축 의무가 있는 국가의 탄소 배출량 합이 교토의정서 당시 전체 탄소 배출량의 22%에서 95%까지 확장되었다. 사실상 전 세계 모든 국가가 탄소 배출 감소에 동참하겠다는 약속을 한 셈이다. [37]

파리협정의 협상 과정에서 각국은 다양한 그룹을 형성하여 협정의 세부 내용을 정하는 작업에 참여했고 아프리카 국가들도 아프리카 협상 그룹과 최저개발국 그룹[38]에서 주로 활동했다. 2015년 파리에서 협상이 한창 진행되던 때, 앙골라 외교관 기자 가스파마틴Giza Gaspar-Martins이 이끈 48개 최저개발국 그룹과 아프리카 협상 그룹은 기온 상승 제한 목표를 1.5도로 정하고 개발도상국을 위한 대규모 기후 자금을 조성해야 한다는 요구사항을 내세워 협상에 임했다. 하지만 다른 국가들은 1.5도가 너무 '야심 찬' 목표라며 현실적이지 않다는 태도를 보였다. 결국 최종 협정문에는 2도를 목표로 하되 1.5도를 위해 노력하겠다는 내용과 선진국이 개발도상국을 위해 매년 1,000억 달러를 지원할 것을 촉구한다는 내용이 들어가면서 1.5도와 기후 자금 조성 모두 권고사항에 그쳤다.

가스파마틴은 1.5도라는 목표는 과학적이고 필수적이라며, 소위 말하는 '야심 찬' 목표를 설정하지 않는 것은 "우리가 수많은 생명을 단념하는 것"이라고 말했다. 그의 말처럼 1.5도와 2도, 언뜻 보기엔 크지 않은 차이지만 이 0.5도에 수많은 사람의 삶이 달려있다. 기후변화에 관한 정부 간 협의체의 《1.5도 기온 상승에 대한 특별보고서Special Report on Global Warming of 1.5℃》에 따르면 0.5도 차이로 심각한 가뭄을 겪게 되는 도시의 인구가 6,000만 명 더 늘어나고 홍수가 발생할 확률이 70% 더 증가하며, 300만 명의 사람이 추가로 해수면 상승의 피해를 보게 된다. 그리고 기온이 0.5도 더 오르면 대기오염만으로도 나이지리아의 이바단Ibadan과 라고스Lagos, 이집트의 카이로Cairo를 포함한 전 세계 154개 주요 도시에서 2100년까지 1억 5,000만 명이 추가로 사망할 것이란 전망도 있다.[39]

1.5도 상승하는 것만으로도 세계가, 특히 사막 같은 극단적인 기후를 가진 지역이 많은 아프리카가 겪어야 할 고통은 엄청나다. 바네사 나카테는 1.2도 증가한 지금도 우간다를 포함한 아프리카 사람들은 기후변화로 인해 더 심각해진 가뭄과 홍수, 태풍 등으로 '지옥'을 경험하고 있다고 말한다.[40] 이런 상황에서도 파리에 모인 많은 국가 정상들은 1.5도가 '야심 찬' 목표라며 기후위기에 직면한 개발도상국의 외침을 외면했다. 《1.5도 기온 상승에 대한 특별보고서》 서문에 인용된 프랑스 작가 생텍쥐페리의 글인 "우리가 할 일

은 미래를 예측하는 것이 아니라 만들어 가는 것이다"[41]라는 말이
무색하다.

　파리협정 이후, 각국은 NDC를 발표하고 시행하고 있지만, 파
리협정 이후 각국이 제출한 탄소 배출 감소와 기후변화 대응 계획
은 역시나 1.5도를 달성하기 위한 계획과는 상당히 거리가 멀다.
파리협정의 목표 달성도를 과학적으로 연구하는 '기후행동추적'
은 2021년 11월 기준 각국의 기후변화 정책대로라면 2100년 지구
의 기온은 산업화 이전보다 최소 2도, 최대 3.6도까지 상승할 것이
라 경고했고,[42] 2022년 3월 기준 1.5도 목표에 부합하는 계획을 세
운 국가는 하나도 없다고 밝혔다. 1.5도 목표에 거의 근접하는 국가
에는 에티오피아, 감비아, 케냐, 나이지리아 등 남반구 국가가 다수
포함되었고, 선진국 중엔 유일하게 영국이 포함되었다. 한국은 "기
후변화 완화와 에너지 부문 계획에서 진전을 보이고 있지만, 파리
협정의 1.5도 제한에 부합하는 길에 들어서는 데 필요한 속도와 감
축량이 부족하다"라는 평가와 함께 '상당히 부족함'으로 분류되었
다.[43]

기후행동추적의 각국 기후 행동 평가 결과 (2022년 3월 기준)

심각하게 부족함	상당히 부족함	부족함	거의 충분함	파리 협정에 부합함
이란	아르헨티나	칠레	코스타리카	
러시아	호주	유럽연합	에티오피아	
싱가포르	브라질	독일	케냐	
태국	캐나다	일본	모로코	
튀르키예	중국	노르웨이	네팔	
베트남	콜롬비아	페루	나이지리아	
	이집트	남아프리카공화국	감비아	
	인도	스위스	영국	
	인도네시아	미국		
	카자흐스탄			
	멕시코			
	뉴질랜드			
	사우디아라비아			
	대한민국			
	아랍에미리트			

출처: Climate Action Tracker, https://climateactiontracker.org/countries/
(최종 접속일: 2022.5.4.)

아프리카 국가들은 NDC 실행을 위해 약 20-30%가량의 자체 예산을 투입하겠다는 계획을 내놓았고, 국제사회가 충분한 자금과 기술을 지원할 때 목표로 하는 최대치의 감축이 가능하다고 명시하고 있다. 아프리카에서 가장 인구가 많고 산업화가 상당 부분 진행되어 탄소 배출량 또한 많은 나이지리아의 경우, NDC의 목표를 두 가지로 설정하고 있다. 만약 나이지리아 정부가 온실가스 배출을 줄이기 위한 노력 없이 현재의 경제 활동을 지속할 경우 2030년의 온실가스 배출량은 100% 이상 증가할 것으로 추정된다. 나이지리아 정부는 이 기준에서 최소한 20%를 감축하겠다는 목표를 세우고, 이에 더해 국제사회의 자금 지원과 기술 이전이 이루어진다면 47%까지 달성할 것을 약속했다. 이를 달성하기 위해 에너지 효율을 높이고, 기후변화 대응 농업 기술을 도입하며, 항공 물류를 고속철도 물류로 대체하는 등의 다양한 방법을 담은 계획[44]을 유엔에 제출했다.

파리협정 서문에는 "일각에서 '기후정의'라는 개념이 갖는 중요성에 주목"한다는 내용이 있다. 그리고 본문 제2조 2항은 탄소 배출 감소에 있어 선진국과 개발도상국이 각자 다른 책임을 지고 있음을 언급한다. 기후정의는 역사적으로 기후변화의 원인을 가장 많이 제공한 선진국이 져야 할 책임과 기후변화의 피해를 가장 극

대한민국과 아프리카 주요 국가의 NDC 비교

국가	온실가스 배출량	감축 목표(%)	목표 연도	기준 연도	목표 유형
대한민국	727.6Mt (2018년)	40%	2030년	2018년	절대량
나이지리아	347Mt (2000년)	무조건 20% 조건부 47%	2030년	2018년	BAU
르완다	5.33Mt	무조건 16% 조건부 22%	2030년	2015년	BAU
케냐	93.7Mt	32%	2030년	2015년	BAU
에티오피아	247Mt	무조건 14% 조건부 68.8%	2030년	2010년	BAU

출처: UNFCCC, NDC Registry, https://unfccc.int/NDCREG (최종 접속일: 2022.8.5.)
BAU(business as usual)는 온실가스를 감축하기 위한 조치를 취하지 않을 경우
배출이 예상되는 온실가스의 총량이다.

심하게 겪고 있는 개발도상국이 누려야 할 권리뿐 아니라, 현세대가 미래세대에 떠넘길 기후변화의 부채까지 고려하는 개념이다. 기후행동추적과 같은 기후변화 대응 단체와 기후 연구자들은 이러한 기후정의의 관점에서 각 나라가 기후변화 대응을 위해 마땅히

책임져야 할 '공정한 몫'을 제시하고 행동할 것을 촉구하고 있다. 단체와 연구자마다 그 몫을 계산하는 기준은 조금씩 다르지만, 대체로 지금까지의 탄소 배출량, 1인당 탄소 배출량, GDP, 비용, 발전할 권리 등 다양한 측면의 데이터를 분석하여 공정한 몫을 제시하고 있다.[45] 그 결과 엄청난 탄소를 배출하며 발전해 높은 경제 역량을 갖춘 선진국의 공정한 몫은 개발도상국보다 훨씬 커서 지금처럼 해서는 달성하기 어려운 수준으로 책정되었다. 예를 들어 2021년 문재인 대통령은 "온실가스 감축과 탄소중립 실현은 국가의 명운이 달린 일"이라며 개정된 NDC를 발표하고 2030년까지 2018년 배출량의 40%를 감축 목표로 제시했지만, 이마저도 기후행동추적이 추산한 1.5도 달성을 위한 한국의 공정한 몫인 최소 59% 감축에는 미치지 못했다.[46]

　이렇게 각국, 특히 온실가스 배출 감축과 기후 자금 조성에 힘써야 할 선진국의 기후변화 대응 계획이 충분히 정의롭지 못함에도, 파리협정에는 각국의 NDC을 보완하고 이행을 강제할 방법이 없다. 개발도상국이 NDC에 명시된 목표를 최대로 달성하기 위해 국제사회가 지원해야 할 기후 자금 또한 목표에 미치지 못하고 있다. 국제 비정부기구인 옥스팜이 2020년 발간한 보고서에 따르면, 2017년과 2018년 2년간 기후 자금 명목으로 연평균 595억 달러가

개발도상국에 지원되었는데, 나중에 갚아야 하는 차관이나 기후변화와 간접적으로 관련된 사업의 지원금을 제외하면 한 해에 약 190억 원에서 225억 원만이 온전히 기후위기와 관련해 지원되었다.[47] 이는 파리협정에서 '촉구'한 매년 1,000억 달러보다 훨씬 적은 금액이다.

케냐의 우후루 케냐타Uhuru Kenyatta 대통령은 2021년 제26차 유엔기후변화협약 당사국 총회를 앞두고 기후변화와 생물다양성 감소, 공해, 이 세 가지 지구적 위기가 세계의 미래를 위협할 것이고, "우리가 공유하는 운명을 지키기 위해 우리는 함께 행동해야 합니다. 가만히 임계점을 기다릴 게 아니라 지금 두 배로 더 노력해서 기후변화의 영향을 줄여야 합니다"라며 각국의 적극적 행동을 촉구했다.[48] 사실 케냐타 대통령의 말은 그동안 수없이 반복된 구호와 비슷하다. 하지만 기후변화와 관련된 케냐 정부의 법과 정책을 살펴보면 그의 말은 다른 국가의 실천을 촉구하는 절박한 호소이자, 케냐 정부 차원의 다짐임을 알 수 있다. 케냐 정부와 시민들은 기후위기를 현실로 받아들이고 지금 실천하고 있다.

케냐

기후변화 대응의
길을 찾다

케냐는 기후변화의 최전선에서 새로운 미래를 개척하고 있다. 아프리카에서 최초로 기후변화법Climate Change Act을 입법했고, 재생에너지 활용에도 적극적으로 나서 지열발전으로는 세계 8위에 이르며 아프리카에서 가장 큰 풍력발전시설을 갖추고 있다. 케냐 사람들은 수십 년간 전국에서 나무심기 운동을 해왔고, 일회용 비닐봉지를 제조하거나 가지고 있는 것만으로도 처벌받을 수 있어 일찌감치 종이봉투나 다회용 장바구니를 사용하고 있다.

한국보다 6배 정도 넓고, 다양한 지형이 펼쳐진 국토를 가진 케냐에서는 갖은 자연재해가 일어난다. 특히 가뭄과 홍수는 몇 년 주기로 반복되었는데, 가뭄은 5-10년마다, 홍수는 3-4년마다 한 번씩 일어났다. 가뭄과 홍수로 인한 피해를 완전히 피할 순 없었지만, 반복되는 주기가 길었기에 한 번의 재해 이후 어느 정도 다시 회복하여 다음 재해를 대비할 수 있었다. 하지만 최근 기후변화로 기온과 강수량이 증가하며 가뭄과 홍수의 주기가 짧아지고 강도가 강해졌다. 5년에서 10년 사이를 주기로 일어나던 가뭄은 이제 2-3년마다 일어나고 있다. 2008년부터 2011년까지 길게 이어진 대가뭄은 370만 명의 삶에 피해를 입혔고 경제적인 손실은 121억 달러에 달했다.[49] 2017년과 2021년에 발생한 가뭄은 정부에 의해 국가재난사태로 선포되기도 했다. 이런 기후는 낯설고 가혹했다. 앞선 재해에서 회복할 새도 없이 다음 재해가 덮쳤고 피해는 쌓여만 갔다.

특히 2020년은 케냐 시민, 그중에서도 인구의 절반가량을 차지하는 농민들에게는 최악의 해였다. 코로나19 범유행만으로도 삶이 충분히 어려워졌을 케냐 농민들은 메뚜기 떼 창궐과 홍수까지 겪었다. 메뚜기 떼 창궐은 주기적으로 일어나는 일이었지만, 2020년 초 케냐에 상륙한 메뚜기 떼는 '70년 만에 최악'이었고, 연구자들은 기후변화로 심화된 인도양 쌍극자 현상을 이 재난의 원인으로 분석했다. 보면서도 믿기지 않을 정도로 거대한 메뚜기 떼가 자기 밭으로 몰려오는 것을 목격한 케냐의 농민 므와기레Mwagire는 메뚜기 떼가 비구름 같았다고 말했다.[50]

"부인에게 '곧 큰 비가 올 것 같아'라고 말했는데, 몇 분 뒤 그 비구름이 나무에 앉아서 깜짝 놀랐어요. 붉은 그림자가 넓은 평야를 덮었을 때, 우리는 이 무서운 메뚜기 떼가 다음으로 앉을 곳은 우리 농장이란 것을 깨달았어요."

코로나19 범유행과 예산 부족으로 정부나 지원 단체의 지원이 늦어지면서, 메뚜기 떼 창궐 초기에 농민들은 말 그대로 '맨몸'으로 맞섰다. 사람들은 자신의 농장을 지키기 위해 이리저리 뛰어다니며 손뼉을 치고 페트병을 두드리고 북을 치고 연기를 피웠다. 6개월 동안 비행기로 살충제를 살포해서 퇴치한 메뚜기가 4억 4,000마리라고 하는데,[51] 이 엄청난 숫자의 메뚜기 떼에 맨몸으로 맞서던 사람들의 심경이 어땠을지 감히 가늠하기도 어렵다. 1년이 넘도록 비행기와 헬리콥터로 메뚜기 떼의 이동을 추적하고 살충제를 뿌린 끝에 케냐 정부와 '유엔식량농업기구'는 2021년 4월, 메뚜기 떼의 이동과 확산이 멈췄고 전국 대부분 지역이 메뚜기 떼의 영향에서 벗어났다고 발표할 수 있었다.

이렇게 갑작스러운 재난 외에도 농업 분야에는 기후변화의 그림자가 서서히 드리우고 있다. 케냐의 농민들은 보통 일 년에 두 번 반복되는 우기에 맞춰 씨를 뿌리는데 매년 비슷한 주에 시작하던 우기는 이제 예측 불가의 영역이 되었고, 평균 기온 상승과 토양 침식으로 옥수수나 밀 같은 주요 식량 작물뿐 아니라 커피와 차 같은 상품 작물의 생산량도 줄어들고 있다. 기후변화로 자연재해의 발생 주기가 짧아지면서 두세 가지 재난이 동시에 일어나는가 하면, 앞선 재난의 피해에서 회복되기도 전에 다른 재난을 겪는 일이 일어나면서 많은 사람들이 빈곤의 덫에 빠지고 있다. 자연재해와 기후변화로 파괴된 농작물은 케냐의 생활 물가 상승을 이끌었고, 기후변화는 보건과 수력발전, 관광 분야에도 부정적 영향을 미쳤다.

일상 속 실천에서 환경과 평화 운동으로, 나무심기 운동

"숲을 파괴하면 강물은 멈출 것이고, 비는 더 이상하게 내릴 것이며, 농사는 망해서 여러분은 굶어 죽을 것입니다." — 왕가리 마타이Wangari Maathai[52]

케냐 헌법 69조 1항에는 '환경을 존중할 책임'이 명시되어 있다. 정부와 시민이 함께 져야 할 책임으로 환경과 천연자원을 지속 가능하게 활용하고 이를 활용해 발생한 이익은 공정하게 나눠야 한다는 내용이 담겨있을 뿐 아니라 국토의 최소 10%가 숲으로 덮여 있도록 해야 한다는 내용도 담겨있다. 10%는 독립 당시 케냐의 숲 면적 비율에 가깝고, 현재 이 비율은 무분별한 벌목으로 5%까지 떨어진 상태이다. [53] 그런데 최근 케냐 NDC에 국토 면적의 10%가 숲이 될 수 있도록 나무를 심겠다는 내용이 주요 목표로 들어가면서 나무심기 운동이 다시 한번 케냐 기후위기 대응의 주요 활동으로 주목받고 있다.

케냐의 나무심기 운동은 기후변화라는 말이 등장하기 전부터 활발했다. 지속 가능한 발전과 민주주의, 평화에 기여한 공로를 인정받아 아프리카 여성 최초로 노벨 평화상을 수상한 왕가리 마타이 박사는 1977년 '그린 벨트 운동Green Belt Movement'이라는 이름의 나무심기 운동을 시작했다. 그는 2011년 세상을 떠났지만 이 운동은 지금까지 계속되어 케냐에서만 5,000만 그루가 넘는 나무가 심겨졌다. [54] 이제는 그린 벨트 운동을 넘어 정부와 다른 시민사회 단체들도 나무심기를 기후변화 대응을 위한 주요 활동으로 삼고 있고, 르완다와 에티오피아 등 다른 아프리카 국가에서도 나무심기를 전국적인 기후대응 운동으로 실천하고 있다.

그린 벨트 운동은 케냐 여성의 일상에서 출발했다. 마타이 박사는 아프리카의 많은 곳에선 여성들이 농사를 짓고 가족을 부양하는 역할을 하다 보니, 환경 파괴의 영향도 가장 먼저 알아차렸다고 했다. 케냐 여성들은 1970년대에 이미 가정을 유지하는 데 최소한으로 필요한 땔감과 식수, 영양가 있는 음식과 수입이 부족해졌다는 것을 느끼고 있었고, 그린 벨트 운동은 바로 이들의 경험과 필요에서 시작했다.[55] 나무심기라는 활동을 선택한 이유에 대해 마타이 박사는 나무심기 운동이 사람들이 부족하다고 느끼는 기본적인 것들을 충족시키는 데 도움이 되고, 간단하고 성취 가능하면서도 단기간에 성과를 보장해 사람들의 흥미와 참여를 지속할 수 있는 운동이기 때문이라고 설명했다.[56]

당시 케냐 정부는 숲을 개간해 농지와 주거지를 확장하는 정책을 펼치고 있었고, 유력 정치인들은 부정한 방법으로 자신의 지지자들에게 숲을 포함한 국유지를 나눠주며 숲 파괴에 일조하고 있었다.[57] 처음엔 환경과 생계 문제를 해결하기 위해 나무심기 운동에 참여했던 케냐 시민들은 이내 정치인과 지역의 유지들이 모두를 위해 환경을 보전하거나 활용하는 것이 아니라 사적인 이익을 추구하고 있다는 것을 깨달았고, 그린 벨트 운동은 정부와 기업의 토지 수탈과 숲 파괴에 맞서는 민주주의와 평화 운동으로 확장되었다.[58]

법과 정책에
기후변화를 담다

케냐의 환경 정책은 여느 나라와 비슷하게 천연자원을 어떻게 관리하고 환경을 보호할 것인지에 초점을 맞추어 발전했다. 한 가지 특별한 점이라면, 1965년 케냐 국회가 모든 미래세대를 위해 천연 자원을 보전할 필요가 있다는데 뜻을 모은 적이 있다는 것이다. 이런 내용은 2010년 개정된 케냐 헌법에도 등장한다. 전문에는 "우리의 유산이자 미래세대를 위해 지속해야 할 환경을 존중"한다는 내용이 있고, 본문의 42조(환경)에는 "환경이 현세대와 미래세대에게 유용할 수 있도록 보호"해야 한다는 내용이 있다. 한국에서도 환경에 대한 미래세대의 권리를 명시하는 내용을 헌법에 담기 위한 논의와 시도가 있었지만, 아직 대한민국 헌법에는 미래세대가 등장하지 않는다.

케냐는 1992년 유엔에서 채택된 유엔기후변화협약에 서명한 초기 국가 중 하나였지만, 개발도상국으로 분류되어 온실가스 감축과 기후변화 적응을 위한 계획 수립과 이행 같은 일반적 의무 외에 특정한 목표치가 제시된 감축 의무는 없어 협약 채택이 기후변화를 위한 실질적인 제도 변화로 바로 이어지지는 않았다. 그로부터 한참 뒤인 2008년, 극심한 가뭄을 목격한 국회의원들이 기후변화와 관련된 입법에 관심을 갖게 되었고, 이미 기후 운동을 펼치고 있던 시민사회를 찾아가면서 기후변화 대응이 제도화되기 시작했다. 2010년에 정부는 '국가 기후변화 대응 전략National Climate Change Response Strategy'을 수립한 것을 시작으로 저탄소와 기후 회복탄력성을 갖춘 발전을 위한 정책을 수립했고, 의회에서는 2009년부터 꾸준히 기후 관련 법안을 발의하고 논의했다. 이러한 노력 끝에 아프리카 대륙 최초의 기후변화 법안인 '기후변화법'이 2016년 제정되었다.

기후변화법이 긴 과정을 거쳐 제정되기까지, 그 뒤에는 시민사회가 있었다. 2006년 케냐 나이로비에서 제12차 유엔기후변화협약 당사국 총회COP12가 열린 것을 계기로 시민사회는 더욱 적극적으로 입법과 인식개선 활동에 나섰다. '케냐 산림 행동 네트워크'가 이끌던 '케냐 기후포럼'과 '케냐 전국 농업 생산자연맹'이 이끌던 '케냐 기후변화 컨소시엄'이 연합하여 '케냐 기후변화 실무단'을 출범했다. 이들은 2009년 열린 첫 모임에서 케냐를 파괴하고 있는 기후변화에 맞서기 위해 단기적으로는 기후변화법을 입법하고 장기적으로는 기후변화 대응 실천을 위한 정보를 제공한다는 목표에 뜻을 모았다.[59] 이후 실무단은 과학자, 변호사, 국회의원과 협력해

법안을 만드는 한편 전국을 순회하며 농민, 유목민, 어민, 여성, 청년 등 다양한 사람들을 만나 기후변화가 실제 사람들의 삶에 미치는 영향과 대응 방식을 듣고 기록하며 소통했다. 이렇게 만들어진 법안은 국회 본회의를 통과하고도 므와이 키바키Mwai Kibaki 당시 대통령의 거부권 행사로 무산되어 버렸다. 하지만 실무단은 정권이 바뀌는 와중에도 포기하지 않았고, 마침내 2016년 우후루 케냐타 대통령이 법안에 서명하면서 2008년 시작된 기후변화 입법의 대장정이 열매를 맺었다.

기후변화법은 탄소를 적게 발생시키고 기후 회복탄력성이 높은 발전을 위해 모든 분야에서 기후변화를 고려하도록 하는 것을 주요 목적으로 하고 있다. 세부 내용에서는 대통령이 주관하고 정부와 시민사회의 다양한 행위자가 모여 국가의 기후변화 정책을 조정하고 논의하는 고위급 협의체인 기후변화 협의회를 조직할 것과, 기후변화 대응에 반하는 행위에 대한 법적인 규제, 그리고 그러한 행위로 발생한 피해에 대한 보상 의무를 명시하고 있다. 법령 23조 1항에 따르면 물리적으로 눈에 보이는 피해가 발생하지 않더라도 기후변화 적응과 완화에 반대되는 행동을 했다는 이유만으로 시민이 정부 기관이나 회사를 고발할 수 있다.

기후변화법은 사람들의 기후변화 행동 참여를 촉진하는 것도 중요한 목표로 삼고 있다. 이를 위해 법령 21조에서 기후변화를 국가 교육 과정 전반에 반영해야 한다고 명시했고, 2021년에 케냐 교육부, 시민사회단체, 유엔 기후변화 학습 파트너십, 유엔식량농업기구는 3년여 동안 함께 조사하고 연구하며 작업한 결과물인 '국가 기후변화 학습 전략 2021-2031' 초안을 발표하기도 했다. 이전에도 케냐 교육에서 기후변화를 주류화하기 위한 노력은 꾸준히 있었지만, 여전히 케냐 교육 현장에서 기후변화는 초등학교 환경 과목의 일부 혹은 몇몇 대학의 전공 과목으로만 다루어졌다. 이번 전략은 모든 교육 과정에서 기후변화에 대한 기본 지식부터 일상이나 농업에서의 기후변화 대응 실천, 청년 참여와 같은 내용을 다룸으로써 시민들이 "케냐를 저탄소, 기후 탄력 경제 발전의 길로 이끌어 나갈" 지식과 기술을 갖추도록 하는 것을 목표로 하고 있다.[60]

한편 한국은 2021년 10월 기준, 아직 기후변화와 직접 관련된 법이 마련되지 않은 상태로 몇 가지 법안만 발의된 상태이다. 하지만 기후변화 시민단체의 연대기구인 '기후위기비상행동'은 발의된 법안들이 "전반적으로 시장과 기술을 중심으로 온실가스를 감축하겠다는 전략이 지배적이어서 기후위기에 대한 근본적인 해결책을 제시하고 있는지 회의적"[61]이라고 평가하기도 했다.

일회용 비닐봉지를
금지하다

케냐에서는 일회용 비닐봉지를 쓸 수 없다. 2017년 케냐 환경부 장관이 일회용 비닐봉지의 생산, 판매, 사용을 금지하는 시행령을 발표함에 따라 일회용 비닐봉지의 국내 사용이 전면 금지되었기 때문이다. 한국에서는 중대형 슈퍼마켓에서만 비닐봉지 사용이 금지되어 있지만 케냐에서는 비닐봉지를 수입하고, 제조하고, 판매하고, 들고 다니는 것이 전국에서 불법이다. 케냐 이외에도 현재 약 30개 이상의 아프리카 국가에서 일회용 비닐봉지 사용이 금지되어 있는데, 그중에서도 케냐의 비닐봉지 규제는 처벌의 강도가 강해 '세계에서 가장 일회용 비닐봉지 규제가 강한 나라'라 불리기도 한다.[62] 이 시행령에 따르면 일회용 비닐봉지를 생산하고 판매하는 사람들에게는 최대 4년의 징역 혹은 몇 천만 원의 벌금을 부과할 수 있고, 단순히 일회용 비닐봉지를 가지고 다니기만 한 사람에게도 최소 50만 원가량의 벌금 혹은 1년 이하의 징역으로 처벌할 수 있다. 이 법이 있기 전에는 슈퍼마켓에서도 길거리 노점상에서도 일회용 비닐봉지가 널리 쓰이고 아무렇게나 버려졌다. 포장되지 않은 길에는 버려진 비닐봉지가 풀처럼 박혀 있고, 임의로 소각한 비닐봉지의 재가 여기저기 날아다니기도 했다. 그뿐만 아니라 비닐봉지가 배수로를 막아 물난리를 일으키기도 하고, 동물이나 해양 생물의 목을 막거나 내장으로 들어가 질병의 원인이 되기도 했다. 법령 시행 직전, 케냐 환경관리국이 시행한 조사에 따르면 도시지역 가축 50%의 내장에서 비닐봉지 조각을 발견했을 정도다.[63]

처벌이 과하다는 비판도 있었지만 일회용 비닐봉지 규제 이후, 사람들은 여러 번 쓸 수 있는 부직포 봉투나 종이봉투, 천 가방, 종이상자 등을 활용하며 비닐봉지 없는 삶에 적응해 나갔다. 그 결과 케냐의 길거리는 훨씬 깨끗해졌고, 규제 전 연간 1억 개 정도가 사용되던 비닐봉지는 지금 80% 이상 그 사용량이 줄었다.[64] 케냐는 여기에서 멈추지 않고 플라스틱 사용을 더 줄이는 방안을 계속해서 만들어 나가고 있다. 2020년 6월부터 국립공원과 해변, 숲, 보전지역에서는 일회용 페트병, 플라스틱 그릇 등 모든 종류의 일회용 플라스틱 제품 사용이 금지되었다. 그리고 일회용 비닐봉지가 금지되면서 부직포 가방의 사용이 늘어났는데, 케냐 정부는 이런 부직포 가방도 너무 얇은 것은 환경에 부정적일 수 있다며 품질 관리를 위한 기준을 준비하고 있다.

하지만 플라스틱을 덜 만들고 덜 쓰는 사회는 케냐 혼자 만들 수 없다. 미국의 석유화학 회사들은 케냐와 양자 간 무역 협정 체결을 추진하는 미국 정부를 통해 케냐가 미국 석유화학 회사의 플라스틱을 수입하도록 영향력을 행사하고 있다. 이들은 여러 아프리카 나라로 이어지는 항구와 철도를 가진 케냐에 플라스틱 제품을 수출할 수 있다면 케냐를 넘어 아프리카 대륙 전체로까지 진출하는 데 도움이 될 것이라는 내용의 서한을 정부 협상단에 보내는가 하면,[65] 미국의 플라스틱 쓰레기를 케냐가 수입하면 케냐의 재활용 분야에 투자하겠다는 제안도 했다.[66] 만약 케냐 정부가 이런 제안에 넘어간다면 혹은 강대국의 압력에 굴복한다면, 케냐는 동아프리카의 플라스틱 쓰레기 허브가 될 것이다. 2018년 전 세계의 플라스틱 쓰레기를 받아들이던 중국이 더 이상 플라스틱 쓰레기를 받아들이지 않기로 하면서 전 세계가 플라스틱 쓰레기 대란을 겪었을 때, 아프리카 대륙의 플라스틱 쓰레기 수입은 2019년 한 해에만 네 배나 늘었다.[67] 세계는 여전히 플라스틱 제품의 생산과 소비를 줄이지 않고 쓰레기 폭탄 돌리기를 하고 있다. 그리고 쓰레기가 흘러가는 방향은 언제나 아프리카를 포함한 남반구 국가들이다.

그린 워싱,
'녹색'의 두 얼굴

교토의정서와 그 이후의 국제 기후 체제는 기후위기를 시장 논리와 과학 기술을 통해 해결할 수 있을 것 같은 착각을 일으키곤 한다. 여기서 탄소 배출을 많이 하면, 저기서 나무를 심거나 탄소를 포집해서 땅이나 바닷속에 묻거나, 탄소 배출권을 사서 탄소 배출을 더 하면 된다는 식이다. 하지만 이런 접근은 기후위기를 일으킨 생산과 소비 체제에 친환경적인 느낌만 추가한 '그린 워싱green washing'으로 잘못 활용될 위험이 매우 크다. 그린 워싱은 기업이나 상품이 실제로는 친환경이 아니면서 친환경인 것처럼 홍보하여 경제적 이득을 취하는 것을 뜻한다. 최근 여기저기서 쓰이는 '녹색 ○○', '그린 ○○' 중에도 그린 워싱은 꽤 많다.

앞서 이야기했던 나무심기도 그린 워싱이라는 비판을 받곤 한다. 나무심기는 국제개발협력분야를 비롯한 각국 정부와 기업에서 기후위기의 대응 방법으로 자주 활용되고 있다. 숲이 대기 중의 이산화탄소를 흡수해 저장하는 기능을 하고, 산사태와 토양침식을 막아주기 때문에 나무심기는 기후변화 완화와 적응 두 가지 측면에서 모두 도움이 된다고 할 수 있다. 그리고 마타이 박사가 말했듯, 나무심기 운동은 직관적이라 사람과 자원을 모으고, 기후변화에 대한 인식을 바꾸기에도 좋은 방법이다. 하지만 나무심기 그 자체로 기후변화에 대응하기엔 그 효과가 너무 느리고 미비하며 생각보다 훨씬 많은 나무를 심어야 한다는 비판도 존재한다. 기후학자 레나 보이센Lena Boysen은 데이터 시뮬레이션을 통해 탄소배출을 줄이지 않고 나무심기만으로 파리협정의 목표를 달성하기 위해서는 전 세계 농경지 4분의 1을 숲으로 조성해야 한다는 결론에 도달했다.[68] 더 큰 문제는 오염 물질을 계속해서 배출하고 환경을 파괴하는 정부와 기업이 나무심기를 통해 친환경 이미지를 만들고 탄소 배출을 상쇄하며 자신들의 책임을 다하는 척하지만, 환경을 착취해 경제성장을 추구한다는 본질은 바꾸지 않는다는 점이다.

지역 공동체와 생태계를 충분히 고려하지 않고 일방적으로 진행되는 대규모 나무심기는 비용이 많이 들고 잘 관리되지도 않을 뿐더러 환경에 역효과를 낼 수 있다. 1980년대 정부와 유엔식량농업기구는 케냐 서부의 바링고 카운티Baringo County의 건조 지역을 '복원'하기 위해 외래종인 마텡게(mathenge, 학명으로 'prosopis juliflora'인 메스키트mesquite의 스와힐리어 표현이다)를 들여와 대규모로 심는 프로젝트를 진행했다. 초반에 마텡게는 모래바람이 이는 걸 막는 데 도움을 주고, 땔감이나 가축 사료로 유용하게 활용되며 긍정적인 효과를 냈지만, 1990년대 후반 마텡게 씨앗이 무분별하게 퍼져 나가기 시작하면서 문제가 시작되었다. 외래종인 마텡게를 먹는 야생 동물이 없는 상황에서 마텡게는 여기저기에 엄청난 덩굴을 뻗치며 원래 있던 생태계를 파괴했고, 마텡게의 가시 때문에 가축들은 병 들었다.

케냐를 포함한 아프리카 대륙에는 사막과 건조 지역이 많은데, 사람들은 이 버려진 땅을 고쳐 써야 한다는 생각으로 대규모 나무심기 활동을 하곤 한다. 바링고 카운티에서 일어난 일도 이런 생각에서 출발했다. 하지만《건조지: 역사, 권력, 지식The Arid Land: History, Power, Knowledge》을 쓴 미국의 지리학자 다이애나 데이비스Diana Davis는 사막화 현상이 과장되었다고 말하며 세계 대다수의 건조 지역은 벌목이나 화재, 과도한 방목으로 사막화가 된 것이 아니라고 지적한다. 그는 사막과 건조 지역이 문제라는 편견은 식민지 시절 식민주의자들이 파괴된 숲과 식민지의 건조 지역을 동일시하고, 생산성을 위해 건조 지역을 '복원'하려는 데서 시작했다고 한다. 그 과정에서 이미 건조 지역에 적응하며 살아가던 사람들의 지식과 경험은 무시되었고, 심지어 벌목이나 방목으로 땅을 망쳐놓았다는 비난까지 받게 되었다. 건조 지역을 복원하겠다고 지역 환경에 대한 진지한 분석 없이 진행되는 관개 사업은 지하수의 염류가 농지

표면까지 올라오는 염류화를 일으키거나 작물의 침수를 일으킬 수 있고, 무분별한 나무심기 사업은 자칫하면 심은 나무가 더 많은 물을 빨아들이면서 주변 땅을 말려버리거나[69] 바링고 카운티에서처럼 기존의 생태계를 파괴할 수도 있다.

건조 지역은 가치 없는 불모지라는 오래된 편견에서 벗어나 수백 년간 그 땅에 적응하며 살아 온 사람과 동식물을 본다면, 그들 삶의 환경을 크게 바꿀지도 모르는 나무심기는 생각만큼 쉬운 실천 방안이 아님을 알게 된다. 그동안 많은 국제개발협력 단체와 정부, 사회공헌 활동을 해온 기업들은 엄청나게 많은 나무를 심었고 사막화 방지에 기여했다고 자랑했다. 하지만 그 이후 그 나무와 지역이 어떻게 변화했는지에 대해서는 거의 알려진 바가 없다. 그 중엔 제2의, 제3의 바링고 카운티가 있었을지도 모른다.

이런 점을 생각하면 기업과 정부에서 대규모로 하는 나무심기는 전 지구적 기후위기 대응에는 그렇게 효과적이지 않은 방법이라 할 수 있다. 하지만 그 땅에 발딛고 사는 공동체가 우리 마당, 우리 동네의 숲을 지키고 땅을 튼튼하게 하기 위해 하는 나무심기 운동은 그 의미가 다르다. 새로운 생명을 심는 좋은 마음이 좋은 결과로 이어지기 위해서는 내가 심는 나무가 어떤 특징을 가지고 있는지, 나무를 심는 장소가 어떤 곳인지, 많이 고민하고 소통하고 조사

할 필요가 있기 때문이다.

가장 쉽게 이해할 수 있을 것 같았던 나무심기에도 이렇게 복잡한 사정이 있다면, 과학 기술과 대규모 정부 투자를 앞세워 기후 위기에 대응하고, 심지어 기후위기를 기회로 만들겠다는 그린 뉴딜, 녹색 산업, 그린 모빌리티 등은 더할 것이다.

이들 '해결방안'에 훨씬 앞서 등장한 '녹색'이 있다. 바로 20세기 중반 라틴아메리카와 아시아 개발도상국의 농업 생산량을 늘린다는 목표로 시행된 녹색혁명green revolution이다. 녹색혁명은 농업 생산성 증대를 위해 생산성이 높은 품종을 집중적으로 경작하고 제초제와 살충제 같은 화학 약품과 비료를 사용하는 농업 방식으로, 멕시코와 인도에서 일부 성공을 거둔 뒤 급증하는 인구와 잦은 가뭄으로 식량 위기를 겪던 아프리카에도 전해졌다. 케냐에서는 90년대 후반부터 개량 품종 보급과 비료 지원, 농업 기술 교육 등 녹색혁명의 성공 요소가 일부 도입되었다. 2000년대에 들어서는 '록펠러 재단'과 '빌앤멜린다 게이츠 재단'의 후원으로 '아프리카 녹색혁명 동맹'이 케냐의 수도 나이로비에 본부를 두고서 지난 10년간 약 2,100만 달러를 투입하며 케냐에서의 녹색혁명을 시도하고 있다. 개량 품종을 활용한 단작(한두 가지의 작물만 집중적으로 재배하는 것)과 화학 비료 활용, 금융 지원처럼 '선진' 기술과 집중적인 자본 투자를 통해 농업 생산량을 늘려 아프리카의 식량 안보와 농민의 소득 증대를 이끄는 것이 목표다.

하지만 화학 비료와 살충제가 땅의 건강을 해치고 탄소와 물을 머금을 수 있는 능력을 잃게 한다는 것, 토종 품종이 아니라 대기업에서 생산한 개량 품종으로 가득 찬 밭은 더 많은 화학 비료와 살충제, 물에 의존할 수밖에 없고 갑작스러운 병충해나 자연재해에도 취약하다는 것은 이제 많은 사람들이 아는 사실이다. 아프리카 녹색혁명 동맹은 생산성 개선 실패와 거대 농업 기업과의 유착 의혹으로 그린 워싱이라는 비판을 받고 있고, 기후변화 대응에서도 한계를 드러내고 있다. 녹색혁명의 '녹색'은 땅과 자연을 위한 녹색도, 배고픈 이들을 위한 푸른 먹거리도 아닌, 기업의 교묘한 개입을 숨기기 위한 초록색 가림막에 불과했을지도 모른다.

그럼에도 불구하고 당장의 생산량 증대를 약속하는 '녹색혁명' 스타일의 농업 산업화는 아프리카 녹색혁명 동맹뿐 아니라 '빈곤 퇴치'를 꿈꾸는 아프리카 각국 정부나 국제개발협력 기관에서도 많이 활용된다. 많은 국제개발협력 단체가 '현대적 농업 기술'을 교육한다며 개량된 종자를 쓰고, 논밭을 갈고, 화학 비료와 살충제를 쓰는 방법을 가르치고, 그 기술이 더 많이 더 크게 활용되도록 종자와 비료 대출 서비스를 제공한다. 케냐 정부의 입장도 비슷하다. 2029년까지 케냐 농업 정책의 이정표가 될 정부 전략 문서《케냐의 지속 가능한 농업 혁신과 식량 안보를 위하여》[70]는 '지속 가능한' 농업이라는 이름이 무색하게 개량 품종과 화학 비료 활용을 통한 농가 생산성과 소득 증대를 주요 목표로 하고 있다.

하지만 농업과 땅을 단순히 식량 자원을 생산하는 '산업'의 공간이 아니라 삶과 생명의 공간으로 본다면 다른 길도 보인다. 몇몇 아프리카의 농민들은 산업형 농업이 아닌 생태 농업과 그들이 원래 해오던 농업 방식에 가까운 저투입 농업을 이야기하고 있다. 아프리카 각국의 농민 단체, 시민사회 단체, 생산자 운동 단체 등이 모인 '아프리카 식량 주권 동맹'은 아프리카 농업에 대한 주류의 시각을 전환해야 한다고 말한다. 주류의 시각은 농업 산업화를 통해 생산량을 늘려야지만 늘어나는 세계 인구를 먹일 수 있고, 생명 공학과 세계적 식량 회사들만이 이 문제를 해결할 수 있으며, 혁신과 유용한 지식은 전문가들이 이끄는 과학과 기술 분야에서만 나올 수 있다는 근거 없는 믿음에 뿌리를 두고 있다는 것이다. 아프리카 식량 주권 동맹은 생태적이고 유기적인 농업으로의 전환을 제안하며, 농민과 연구자가 서로를 존중하며 전통 지식과 현대 과학이 조화를 이루는 체제를 만들어나갈 때 아프리카 농업에 미래가 있다고 말한다.[71]

"아프리카가 단 하나의 목소리만 내진 않습니다. (아프리카) 녹색혁명 포럼(아프리카 녹색혁명 동맹이 주도하는 농업 관련 회의체)에서도 그렇죠. 그 목소리는 (아프리카) 대륙의 지형, 문화, 식량전통만큼이나 다양합니다. 이들의 목소리가 울려 퍼지길 원합니다. 하나의 목소리가 아니라 다양성의 가치를 알고 이를 지지하는 다른 목소리, 자연, 정부 지도자, 후원자와 화음을 이루며 말이죠." — 아프리카 식량 주권 동맹 사무국장, 밀리온 벨레이 Million Belay[72]

아프리카의 영세 농민들은 연중무휴 논과 밭에서 관찰하고 경험하며 실천적 지혜를 쌓는다. 그리고 그 농사의 결과에 사활이 걸려 있다.[73] 하지만 아프리카 녹색혁명 동맹 같은 농업 기구나 국제 개발협력 단체의 과학자와 '전문가'들은 대부분 도시에서 자라고 대학에서 훈련 받은 사람들일 뿐 아니라, 농업을 삶의 문제가 아닌 생산성, 비료 시장, 금융 대출 등과 관련된 산업으로 보는 이들이다. 그들이 자랑하는 최신 기술도 결국 농민들의 손에 들어가야 쓰임새가 생긴다. 농업과 환경의 미래를 일구는 것은 미국의 백만장자가 아니라 농민이다.

성장이라는 습관에서
벗어나기

기후위기에 있어서 진짜 선진국은 어디일까? 케냐를 포함한 아프리카 각국의 사례에서 살펴보았듯, 아프리카 사람들은 기후위기를 체감하며 살고 있고, 생존을 위해 새로운 농사법을 도입하거나, 기후변화에 관한 법을 제정하거나, 나무를 심으며 다른 삶의 방식을 찾아가고 있다. 아프리카 사람들은 이미 저탄소 사회에 살고 있을 뿐 아니라 세계 다른 곳의 사람들보다 기후위기에 대해 더 잘 안다. 북반구 국가에서는 의식이 있는 사람들도 전기차를 타고, 재활용을 잘하고, 텀블러를 써서 탄소 배출을 줄이고, 정부가 탄소 중립을 실현하면 책임을 다하는 것이라 생각한다. 하지만 전기차의 원재료는 어디에서 오는지, 전기차가 대체한 중고차들은 어디로 가는지, 그리고 각국 정부가 제출한 탄소 배출 감축 계획에 따라 기온 상승이 2도를 훌쩍 넘긴 지구에서 우리가 어떤 미래를 맞게 될지에 대해선 아프리카 사람들이 훨씬 잘 안다.

그럼에도 언론과 학계, 심지어는 환경 운동 분야도 아프리카 사람들이 겪고 있는 일 보다는 북미와 유럽에서 일어나는 탄소 거래나 녹색 산업 발전 같은 일들에 더 많은 관심을 쏟고 있다. 아프리카에서 일어나는 일은 가끔 다뤄지는데 그마저도 '원조'의 관점에서 다뤄지는 듯하다. 아프리카는 사람들이 살기에 좋지 않은 곳이고 기술과 자본이 없어서 문제를 해결하지 못하고 있으니, 기부금을 전달하고 비행기를 타고 날아가 '선진' 기술을 전해주면 된다는 식으로 말이다. 심지어는 북반구 사람들의 삶의 양식을 발전의 이상으로 삼고 성장 신화를 부추기기도 한다. 아프리카의 녹색혁명 사례에서 보았듯, 일방적이고 단순한 접근 방식, 그리고 성장을 중심에 둔 접근은 문제를 해결하기는커녕 문제를 더 일으키는 결과를 낳는다. 설령 녹색혁명이 식량 안보라는 하나의 문제를 해결하는 데 성공한다고 하더라도 엄청난 땅을 개간하고 화학 비료를 뿌리는 과정에서 나오는 탄소는 국경을 넘어 모두의 위기를 가속할 뿐이다.

아프리카 개발은행의 기후전문가 안토니 뇽Anthony Nyong 교수는 아프리카가 직면한 기후위기에 적응하는 데 어려움을 겪고 있는 와중에도 "'성장부터 하고 치우는 것은 다음에 하자'는 기존 선진국의 방식을 피하기 위해 노력하고 있다"[74]는 말을 한 적이 있다. 여전히 국가 발전과 국가 총생산을 기준으로 중진국에 진입하는 것을 제1의 목표로 삼고 달리는 아프리카 각국을 보면 그의 말은 지나치게 긍정적인 분석이 아닐까 하면서도, 그의 말이 사실 혹은 앞으로 일어날 일이었으면 좋겠다는 생각이 든다.

《나는 풍요로워졌고, 지구는 달라졌다》를 쓴 미국의 지구물리학자 호프 자런Hope Jaren은 "'풍요의 이야기'가 모든 사람의 이야기가 된다면, 다시 말해 지구상 모든 사람이 미국인의 라이프 스타일을 택한다면, 전 세계 이산화탄소 배출량은 현재의 네 배 이상이 될 것이다"라고 말했다.[75] 이 말은 더 이상 아프리카를 포함한 남반구 나라들이 선진국의 전철을 밟아 과잉 소비하고 과잉 생산하는 방식으로는 발전할 수 없다는 것을 의미한다. 사실 세계는 기후위기에서 살아남는 간단한, 어쩌면 유일한 방법을 알고 있다. 더 적게 만들고 더 적게 쓰며, 덜 풍요로운 삶 혹은 조금 가난한 삶으로 나아가는 것이다. 지금까지는 폐기물처럼 성장 과정에서 생기는 무거운 짐을 더 가난하고 약한 곳에, 선진국이 개발도상국에, 한국의 경우 수도권이 인천시에 떠넘기며 과잉 생산과 소비를 유지해 왔지만, 그 과정에서 일어난 기후변화는 이제 국경을 넘어 선진국까지 위협하고 있다. 2021년 유럽과 미국에서 일어난 홍수, 산불과 같은 자연재해는 서막에 불과하다.

기술과 자본을 양손에 쥔 채 기후위기에서 지구를 구할 수 있다고 호언하는 정치인과 기업가, 대형 국제개발 기구들이 많지만, 사실 우리가 주목해야 할 사람은 이미 그 위기를 살아가며 매일 자신을 둘러싼 세계를 구하고 있는 아프리카 사람들이다. 성장과 선진국에 대한 익숙한 생각은 잠시 내려놓고, 아프리카 사람들의 실천과 경험에서 배우며, 다양한 삶을 함께 지키고 만들 때 인류에게 미래가 있지 않을까? 아프리카는 다르게 할 수 있다. 그리고 그 다름이 세상을 구할 것이다.

【 3장 】

남아프리카공화국과
일자리위기

내가 살았던 무항가는 르완다의 수도인 키갈리에서 꽤 거리가 있다. 어느 날 키갈리 여기저기에서 물건을 많이 사야 하는 일이 생겨서 평소 이용하던 시외버스가 아닌 다른 교통편을 알아보았다. 하지만 무항가에서는 택시를 찾기 어려웠고 당시 르완다에는 우버Uber 같은 모바일 차량 공유서비스도 없었다. 그래서 주변 사람을 통해 나를 목적지까지 태워줄 사람을 찾았고, 지인 두세 사람을 거쳐 쟝이라는 사람과 연결됐다. 우리는 한국의 카카오톡과 같은 모바일 메신저인 왓츠앱Whatsapp으로 연락해 약속을 잡았다. 며칠 뒤 약속한 시간에 승용차 한 대가 우리 집 앞에 도착했고 나는 차를 타고 있는 그에게 반갑다고 인사하며 당신이 쟝이냐고 물었다. 그런데 그는 쟝은 자신의 친구고 자신은 펠릭스라고 답했다. 이게 무슨 일인가 싶어 쟝에게 전화를 했더니 갑자기 바쁜 일이 생겨서 자기 차에 펠릭스를 운전자로 보냈다며 괜찮으니 펠릭스와 수도에 다녀오라고 했다. 아마도 쟝은 처음부터 펠릭스를 운전자로 보낼 생각이었던 것 같다. 사전에 약속된 사람이 아니다 보니 조금 찝찝하긴 했지만 달리 방법이 없던 나는 차에 올랐다.

그리고 오가는 동안 어쩌다 펠릭스가 쟝의 일을 대신 하게 됐는지부터 시작해서 펠릭스의 일'들'에 대해 많은 이야기를 나눴다. 펠릭스는 고정된 직업은 없지만 다양한 일을 하고 있었다. 주로 오늘처럼 주변 사람의 차를 빌려 다른 사람들을 목적지까지 태워주는 일을 하거나, 회사에서 운전 기사로 일하는 지인이 잠시 사정이 생겨 일을 하지 못할 때 대체 기사로 일한다. 그리고 운전 일이 없을 때면 틈틈이 친구의 가게에 나가 일을 돕는다. 펠릭스의 부인은 동네에서 친척과 함께 르완다에서 '부티케butike'라 불리는 구멍가게를 운영하고 있다. 더 물어보지는 않았지만, 교외에 있다는 펠릭스의 집 마당에는 팔기 위해 키우는 닭이나 염소도 있을 것 같았다.

이렇게 펠릭스 가족의 생계는 마치 자투리 천을 이어 붙여 만든 패치워크처럼 다채로운 일들로 꾸려진다. 나는 르완다를 포함한 여러 아프리카 국가에서 수많은 펠릭스와 그들의 다양한 '일자리 패치워크'를 만났다. 이처럼 차를 공유하고, 재능을 공유하고,

공간을 공유하고, 네트워크를 공유하는 경제를 '긱 경제gig economy'라
부른다는 것은 나중에 알게 된 사실이다.

노동의 현재이자
미래인 '비공식' 노동

한국에서는 일자리를 보통 정규직과 비정규직으로 구분하지
만, 아프리카 대륙을 포함한 남반구에서는 '공식 부문'과 '비공식 부
문'을 기준으로 이야기하는 경우가 많다. 특히 최근 주목받는 긱 경
제와 상당한 공통점이 있는 '비공식 부문'은 이미 한국 사회에도 존
재하는 현실이자 갈수록 더 중요해질 개념이다.

국제노동기구가 단일 고용주와 계약 종료일을 정하지 않는 고
용 관계라고 정의한 '표준 고용'은 우리나라에서 흔히 말하는 정규
직에 해당한다. 고용주가 여럿이거나, 노동자를 관리하고 일을 지
시하는 주체가 모호하거나, 고용 기한이 정해져 있는 계약을 맺은
경우인 '비표준 고용'은 소위 말하는 비정규직에 해당한다.[1] '비표
준'이라는 표현은 '비공식'과 비슷하게 들리지만, 비표준 고용에 속
하는 사람들이 모두 비공식 고용인 것은 아니다. 심지어 표준 고용

의 형태로 일하는 사람 중에도 비공식 부문에서 일하는 사람이 있다. 세계적으로 표준 고용 혹은 정규직으로 일하는 사람 중 16%가 비공식 부문에서 일하고 있고, 비표준 고용 중 시간제 노동을 하는 사람의 44%와 계약직 노동을 하는 사람의 56.7%가 비공식 부문 노동자로 분류된다.[2]

비공식 부문, 그리고 비공식 부문에서의 노동을 뜻하는 비공식 노동을 어떻게 정의할 것인지에 대한 논의는 현재 진행형이다. 하지만 각국 정부는 대체로 국제노동기구가 정한 비공식 부문의 정의를 따라 통계 조사를 실시하고 있다. 국제노동기구는 비공식 부문을 가족들이 소유하고 있지만 법인으로는 등록되지 않은 가족 사업체나 비인가 사업체 등으로 정의한다.[3] 이러한 사업체들은 정부에서 정하는 정식 등록 절차를 밟지 않았기 때문에 그 사업체와 종사자 대부분은 세금과 사회보험료를 내지 않는다. 사업체와 소유주 사이의 수입과 자본 흐름을 명확히 구분하기 어렵다는 특징도 있다.[4]

이 정의에 따르면, 전 세계적으로 무허가 노점상이나 무급 가족 종사자를 포함한 2억 명이 비공식 부문에서 일하고 있다. 비공식 부문 종사자의 비율은 대륙별로 차이가 꽤 크다. 농업을 포함한 비공식 부문 노동자의 비율을 종합하면 아프리카 대륙은 85.8%,

아랍지역은 68.6%, 아시아와 태평양 지역은 68.2%, 아메리카 대륙은 40%, 유럽과 중앙 아시아는 25.1%가 비공식 부문 종사자로 분류된다.[5] 비공식 노동은 개발도상국이나 아프리카 국가만의 일로 치부되곤 하지만, 우리 주변에도 존재한다. 위에 언급된 통계가 담긴 국제노동기구의 보고서에는 한국의 비공식 부문 종사자 비율이 31.5%라고 나와 있다.[6] 한국에서는 최저임금, 퇴직금, 시간 외 수당, 직장인 국민연금 가입 등을 기준으로 비공식 노동자의 숫자를 추정하는데, 일은 하지만 앞서 언급한 조건 중 하나라도 해당되지 않으면 비공식 노동으로 분류한다.[7]

지금까지의 통계에서 한국의 비공식 부문 노동자에는 가사·육아 도우미, 폐지 수집인, 각종 배달 대행, 방문 교사, 건설 일용직, 온라인 프리랜서 등이 포함되었다. 이중 가사·육아 도우미는 한국 가사노동자협회 등의 오랜 입법 운동 끝에 2021년 5월 국회에서 '가사근로자의 고용개선 등에 관한 법률(가사근로자법)'이 통과되어 2022년 6월부터 최저임금과 유급휴가, 사회보험 가입 등을 보장받는 공식 부문으로 전환되었다.[8] 가사 도우미가 전통적인 비공식 노동자라면, 디지털 기술의 발전과 함께 떠오른 긱 경제 속 플랫폼 노동자들은 새로운 비공식성을 가진 노동자이다. 플랫폼 노동자는 온라인 플랫폼을 통해 배달이나 번역, 디자인, 청소 등 단기간에 할 수 있는 일을 하며 생계를 이어가는 사람들로, 이들 모두가 비공식 노동자인 것은 아니지만 일반적인 노동법의 보호 밖에 있거나 실업수당, 산업재해보험, 연금 같은 다른 사회보장제도의 혜택을 받지 못하는 경우가 많다는 공통점을 가지고 있다.

'긱'은 원래 1920년대 미국 재즈 공연장 주변에서 필요에 따라 연주자를 섭외해 단기로 공연하는 것[9]을 부르는 표현이었다. 지금은 의미가 확장되어 그때그때 임시로 일할 사람을 찾고 그 임시 노동에 대한 대가가 지급되는 노동 구조를 긱이라 부른다. 아프리카 각국에서는 한국처럼 온라인 플랫폼의 비중이 높지 않지만, 긱 경제라고 부를 수 있는 비공식 노동이 꽤 오래전부터 중요한 역할을 해왔다. 처음에 이야기한 운전기사 펠릭스도 긱 노동자이고, 아프리카 몇몇 국가의 버스터미널에서 쉽게 만날 수 있는 짐 옮겨주는 사람들도 긱 노동자이며, 자전거로 물건이나 사람을 운송하는 사람들도 긱 노동자이다. 모잠비크에서는 버스 정류장이나 시장에서 짐 나르기, 가정 방문 청소, 벽돌 쌓기 같은 임시 노동을 포르투갈어로 허드렛일을 뜻하는 '비스카트Biscate'라고 부르는데[10] 2016년엔 비스카트를 위한 온라인 플랫폼[11]이 런칭되어 지금도 운영되고 있다. 그리고 사람들은 한 가지 긱 노동만 하지 않는다. 모잠비크와 탄자니아의 소규모 농가, 케냐의 저소득 가구 등의 가계부를 분석한 한 연구는 이들이 적게는 4개부터 많게는 8개의 소득 수단을 가지고 생계를 꾸려나가고 있다는 결과를 보여 준다.[12]

아프리카의 비공식 부문은 1980-1990년대 유가 상승과 아프리카 각국의 주요 수출 품목이던 원자재 가격의 하락, 그리고 정부와 국제 금융기구의 발전 정책이 실패하면서 시작된 경제 불황 속에서 확장되었다. 탄자니아의 경우, 충분한 월급을 받지 못한 직장인들은 장사를 시작하거나 농사를 짓는 등 부업을 늘려 나갔고, 그동안 소득 활동을 하지 않던 여성, 노인, 어린이도 생계 전선에 뛰어들었다. 정부의 재정 부족과 뒤떨어진 운영 체계로 부실해진 공공 서비스도 새롭게 등장한 비공식 부문의 행위자들이 채워 나갔다. 산파와 전통 치료사, 그리고 이들을 찾는 환자 수가 늘어 났고, 지역 공동체는 돈을 모아 사립 학교를 설립했다. 불법 사설 버스(스와힐리어로는 달라달라Daladala라고 부른다)의 수도 늘어났다. 달라달라의 승객들은 경찰 단속을 만나면 버스 승객이 아니라 함께 결혼식을 가는 가족처럼 보이기 위해 노래하고 박수치고 환호하는 공범으로 변신하곤 했다. 이후 전통 치료사, 사립 학교, 달라달라 등은 대부분 합법화되었다.[13] 이렇듯 비공식 부문은 어려운 상황에 시민들이 창의적인 방법으로 대처한 결과이자, 부실한 정부 정책에 저항하며 변화를 이끈 영역이기도 하다.

지금도 아프리카 각국에서 비공식 노동은 현실이자 주류지만 이를 이상이라 부르기는 어렵다. 비공식 노동의 주된 문제로 지적되는 점은 두 가지이다. 비공식 부문의 생산성이 낮다는 점과 비공식 부문 노동자들은 연금이나 산재보험 등 공식 부문 근로에 기반한 사회보장보험제도 밖에 놓이게 되어 사회적 안전망 없이 취약한 상태로 하루하루를 살아가야 한다는 점이다. 이렇게 제도 밖 노동자와 실업자가 많은 현실 속에서 아프리카의 몇몇 나라는 임금 노동에 기반한 사회복지 모델 대신 노동과 분리된 사회복지 모델을 발전시켜 왔다. 정규직 임금 노동이 주류였던 적이 없던 아프리카에서 어떻게 비공식 노동의 사회를 진보시켜 왔는지 살피는 것은 정규직 임금 노동을 경험할 가능성이 앞 세대보다 훨씬 적어진 한국 사회의 청년 세대에게도 시사하는 바가 크다.

일자리가 아닌 일의 관점으로
다시 보는 일자리위기

한국 통계청은 국제노동기구의 기준에 따라 1주일 동안 수입을 목적으로 1시간이라도 일한 사람, 그리고 가족이 운영하는 농장이나 사업체의 수익을 위해 주당 18시간 이상 무급으로 일한 사람을 취업자로 분류하고 있다. 주에 단 1시간이라도 수입이 발생하는 일을 했다면 취업자로 분류된다는 사실이 흥미로운데, 이 기준을 적용해 보면 일이 있다 없다 하는 펠릭스와 수많은 '일자리 패치워커'들은 아마 조사 시기에 따라 취업자이기도 하고 실업자이기도 할 것이다. 정해진 시간에 출근해서 정해진 시간 동안 일하고 (때론 야근도 하지만) 정해진 날 월급을 받는 '번듯한 직장'에 몸담는 것은 여전히 많은 한국 사람들의 목표다. 이런 사회에서 일자리 패치워커의 삶은 아주 불안정한 상태로 보이고, 혹은 먼 나라의 일처럼 들릴 수도 있다. 하지만 사실 '펠릭스'는 한국에도 많다. 다시 통계청의 통계에 따르면 2020년 취업자의 약 7%인 190만 명은 1주일에 불과 1시간에서 17시간 사이 동안 일을 했고, 4% 정도에 해당하는 100만여 명은 무급 가족 종사자이다.[14]

국제노동기구의 아주 넓은 '취업자' 정의에도 불구하고 여전히 취업자로 분류되지 않는 이들이 있다. 2020년 전 세계의 실업인구는 약 1억 9,000만 명이고 이중 3분의 1은 청년이었다.[15] 같은 시기 한국의 실업률은 4.1%로 실업자 수는 113만 명이었고, 이중 절반이 20-30대였다.[16] '정상적'인 사회 구성원이라면 누구든 일을 해야 한다고 생각하는 듯한 사회는 실업자를 걱정하며 취업을 독려

한다. 특히 '한창 일할 나이'인 청년의 실업은 더더욱 심각한 문제라고 생각한다. 이에 발맞춰 정부도 일자리 만들기와 취업 지원에 열을 올리고 있다.

분명 존재하지만 존재해서는 안 될 존재로 비치는 실업자들은 일자리를 얻기 위해 능력이나 열정을 끝도 없이 증명하거나, 실업급여나 일자리 지원 프로그램의 혜택을 받기 위해 '취업 의지'를 보여주는 과정을 반복해야 한다. 하지만 그들의 노력에도 불구하고 이들의 취업 전망은 그다지 밝지 않다. 세계 평균 실업률은 2008년 세계금융위기로 6%까지 올라간 이후 꾸준히 감소해 5.3%까지 내려갔지만 2020년 코로나19의 영향으로 6.4%까지 치솟았다.[17] 그리고 현재 진행형인 4차 산업혁명은 기존의 일자리를 점차 로봇과 인공지능으로 대체하고, 특정한 기술을 가진 사람만이 할 수 있는 새로운 일자리를 만들며 노동시장을 뒤흔들고 있다.

로봇과 인공지능이 많은 직종에서 사람을 대체할 것이라는 4차 산업혁명은 이미 현재 진행형이다. 사람 대신 키오스크가 주문을 받는 식당과 카페는 빠르게 늘어나고 있고, 제조업의 단순 반복 작업은 기계가 대체한 지 오래다. 또한 디지털 플랫폼이 발달하면서 긱 경제와 비공식 부문의 일자리는 늘어나고 있다. 이런 상황에서도 충분한 일자리를 만들어 실업과 빈곤, 불평등 문제를 해결한다는 정책 기조는 고집스럽게 이어지고 있다. 그리고 사실 4차 산업혁명 때문이 아니더라도, 초고령 사회가 되어 완전고용에 가까워진 일본을 제외하고는 모든 국민에게 일자리를 제공한 나라는 없었다. 이미 비공식 부문이 자리를 잡은 아프리카 대륙이 아닌 다른 곳에서도 비공식 부문을 어떻게 포용할 것인지, 그리고 취업과 분리된 사회복지 모델로 어떻게 전환할 것인지를 고민해야 할 때이다.

남아프리카공화국의 툴리 마돈셀라Thuli Madonsela 교수는 충분한 일자리가 만들어질 수 있고 일자리를 통해 삶이 나아질 수 있으리라는 틀에서 벗어나 생각할 필요가 있다고 말한다.[18]

"저는 일자리가 평등에 기여하고 빈곤을 해소할 것이라는 데 동의하지 않습니다. 일자리 정책이 아무런 변화를 일으키지 않는다고 말하는 건 아니에요. 다만 틀에서 벗어나 생각해 보자고 말하는 겁니다."

툴리 교수가 제시한 '틀에서 벗어난 생각'은 정부가 기업과 일자리를 지원하는 대신 일을 지원하는 것이다. 공공기관과 기업을 지원해 일자리를 만들거나, 창업 지원을 통해 등록된 개인사업자를 늘리는 것을 넘어, 노점이나 짐 나르기, 등록되지 않은 건설 현장 노동처럼 실제로 사람들이 하고 있는 일도 바라보아야 한다고 주장한다. 툴리 교수는 2020년 4월, 코로나19로 봉쇄령이 내려진 도시 소웨토Soweto의 길거리에서 허가 없이 아차atchar [19]라는 음식을 팔다가 체포된 탄디 타베데Thandi Thabede의 이야기를 예로 들었다. 소웨토에는 타베데처럼 길에서 음식을 파는 사람들이 많은데, 이들은 세금을 낸 기록이 없어 코로나19 구호 물품도 받지 못했다. 그리고 단속이 심해지면서 장사도 못하게 되어 팔아야 할 음식을 먹으며 버텨야 했다.

한국도 상황은 비슷하다. 2021년 정부는 노점상을 코로나19 재난지원금 지원 대상에 포함했지만, 처음에 사업자 등록증을 지원 조건으로 내거는 바람에 전체 노점상인의 2% 미만만이 지원 신청을 할 수 있었고, 몇 개월 후 노점상인들의 문제제기를 받아들여 사업 등록 조건을 삭제한 일이 있었다.[20] 국제노동기구는 이런 무허가 노점상도 '비공식 노동'으로 분류한다. 비공식 노동은 '비공식'이라는 이름이 무색하게 아주 오랫동안 존재해 왔고, 세계 노동 인구의 절반 이상이 비공식 노동자다. 현실이 이런데도 '공식 노동' 부문에 일자리를 만들어 이들을 포섭하려 하거나, 소득세나 연금 납부, 사업자 등록 여부 등으로 대표되는 '공식'의 기준으로 사회

안전망을 구성하려는 방식은 모든 구성원을 포괄할 수 없다는 한계를 보인다.

일자리위기가 심해질수록 사람들은 일자리에 더 끌려다닌다. 일자리가 있는 사람은 그 일이 마음에 드는지와는 상관없이 그 자리를 지켜내기 위해 애쓰고 견딘다. 일자리를 얻지 못한 사람은 통계적으로 누군가는 할 수밖에 없는 실업자 역할을 피하려고, 혹은 성실한 구직자에게만 주어지는 지원을 받기 위해 자신을 끊임없이 증명한다. 일자리가 있어도 없어도 사람들이 힘들고 불안하다면 일자리위기의 해결책은 일자리 만들기가 아닐지도 모른다. 툴리 교수의 말처럼 틀에서 벗어나 실제로 사람들이 하고 있는 일을 보고, 더 나아가 누군가는 일하지 않을 수밖에 없는 현실을 인정하는 데서 새롭게 일자리위기의 해결책을 찾아가 보면 어떨까?

물고기 잡는 법을 가르치지 말고 물고기를 주어라

생계를 유지하고, 삶의 존엄을 지킬 수 있는 일자리가 부족해지는 상황은 자연스럽게 일자리가 없는 사람들의 생계를 어떻게 지탱할지에 대한 고민으로 이어졌다. 그 고민의 흐름은 크게 가난과 비자발적 실업 상태를 증명할 수 있는 사람들에게 최저 생계비용을 지원하는 조건부 최저소득 보장제도와 모든 사람에게 조건 없이 현금으로 일정 금액을 지원하는 무조건적 기본소득으로 나누어진다.[21]

그동안 많은 사람들은 구직을 위해 직업교육을 받는 등의 노력을 하고 있거나 임금 노동을 할 수 없는 상황을 증명하지 않아도 지원금을 주는 조건 없는 소득 보장제도가 확장되면, 사람들이 일하지 않으려 할 것이고 '복지병'에 걸려 나라가 병들 것이라고 말해왔다. 이런 믿음 아래 정부는 일하지 않는 사람들을 취업시키기 위해 구직활동을 증명해야만 지급되는 실업급여와 각종 직업 훈련, 취업 멘토링 프로그램을 끊임없이 만든다. 심지어는 오직 사람들을 취업시키려고 만든 게 아닐까 싶은 임시 일자리를 만들어 사람들을 취업시키고, 그 속에서 사람들은 마치 연극을 하듯 취업자의 역할을 맡곤 한다.

조건 없는 지원이 많아지면 사람들이 나태해지고 지원에 더 의존하게 될 것이란 믿음은 국제개발협력 분야에도 깊게 뿌리내리고 있다. 국제개발협력 기관들은 '퍼주기'를 피하려고 현금이나 현물 지원보다는 '역량강화'라는 이름의 교육 활동을 주로 펼치고, 현금이나 현물 지원을 하더라도 성실하게 교육에 참여하거나 일정 금액의 자기분담금을 낼 것을 조건으로 걸고는 한다. 이와 같은 국제개발협력 분야의 기조는 '물고기를 주기보다는 물고기 잡는 법을 알려줘야 한다'는 격언으로 대표된다.

하지만 많은 학자들은 이런 믿음과는 반대되는 연구 결과를 반복해서 내놓고 있다. 2019년 노벨 경제학상을 수상한 아비지트 배너지Abhijit V. Banerjee와 에스테르 뒤플로Esther Duflo는 책《힘든 시대를 위한 좋은 경제학》에서 미국 워싱턴, 시애틀, 덴버, 알래스카, 체로키 인디언 보호 구역 등에서 진행된 소득 보장 프로그램에 관한 여러 연구를 소개하고 있는데, 이들 연구는 공통적으로 소득 보장 프로그램이 사람들의 노동 성향에는 크게 영향을 미치지 않음을 결론으로 내놓았다.[22]

남아프리카공화국과 나미비아의 복지제도를 30년 동안 연구한 미국의 인류학자 제임스 퍼거슨James Ferguson 교수도 자신의 연구 결과를 책으로 펴내며 국제개발협력 분야의 오랜 믿음을 뒤집는 "물고기를 줘라(Give a man a fish, 한국어판 제목은《분배정치의 시대》이다)"라는 제목을 붙였다. 책 제목처럼 남아공과 나미비아에는 현금 지급을 통해 사람들을 지원하는 정책이 확대되어 왔고, 이 광범위한 현금 지급 제도는 자연스럽게 기본소득 논의로 나아가고 있다.

퍼거슨 교수는 2017년 국내 한 언론과의 인터뷰에서 "전 세계에서 공통적으로 괜찮은 사회가 어떤 모습인지를 상상하는 것이 아니라, 과거를 이상화하는 경향을 보인다. '상상력의 실패'다. 1950년대처럼 아버지가 일하고 어머니는 집에서 아이를 돌보는 과거의 사회 질서로 돌아갈 수는 없다. 4차 산업혁명 이야기까지도 나오는데, 개념적 혁명이 필요하다"[23]며 남아공이나 나미비아의 기본소득 시도가 가진 의미와 실험적 감수성, 정치적 상상력의 중요성을 강조했다. 퍼거슨 교수의 말처럼 우리는 과거의 사회 질서와는 사뭇 다른 세상에 살고 있다. 이제 일자리 창출을 통해 실업과 빈곤, 불평등 문제를 해결한다는 논리는 더 이상 통하지 않는다. 물론 남아공의 현금 지급 제도가 모두를 위한 정답은 아니다. 하지만 일자리위기 앞에서 현금 지급 제도를 확장하고 기본소득 논의를 꾸준히 이어온 남아공의 경험은 해묵은 '복지병'에 대한 불안과 '정규직-비정규직' 대립을 넘어 대안을 찾는데 많은 영감과 희망을 줄 수 있다.

남아프리카공화국

세계에서 실업률이 가장 높은 나라,
현금 지급 제도를 확대하다

남아프리카공화국(이하 남아공)의 사례는 실업 문제를 경제 성장의 관점이 아닌 다른 관점으로 볼 필요가 있음을 여실히 보여준다.[24] 남아공은 사하라 이남 아프리카에서 경제적으로 가장 성장한 나라이면서 동시에 2021년 기준 실업률 33.6%[25]로 실업률이 가장 높은 나라다. 게다가 남아공의 공식적인 실업률은 지난 10년간 꾸준히 증가했고 실업자 3명 중 1명은 5년 이상 장기 실업 상태에 있다.[26]

그러다 보니 남아공에서는 일자리 문제를 경제 성장과는 별도로 바라보아야 한다는 의견이 많다. 남아공의 포괄적인 사회보장 체계를 연구한 일명 '테일러 위원회'는 남아공의 빈곤과 사회보장

제도를 공식 부문에서의 실업 관점에서 접근하는 것은 한계가 있고, 공식부문의 완전고용은 남아공을 포함한 개발도상국에서는 단 한 번도 실현된 적 없으며, 시간이 갈수록 더욱 현실과 멀어진다는 결론을 내렸다.[27] 남아공의 작가이자 학자인 조니 스테인버그Jonny Steinberg 교수도 2013년 한 신문의 칼럼에서 완전고용은 환상이라는 것을 받아들이고 보조금 지급을 확대해 수백만의 동료 시민들에게 생명력을 불어넣자고 주장했다. 세계 모든 정치인의 단골 공약이기도 한 일자리 창출 정책과 현금 지급은 사람들의 의존성을 키운다는 오래된 사회적 통념에 정면으로 도전장을 던진 것이다.

"만약 우리가 청년들을 거리로부터 빼낼 만큼 충분한 일자리를 만든다면, 우리는 구원을 얻을 것이요, 실패한다면 남아프리카공화국은 붕괴하리라.' 내가 이 문장을 인용한 것은 그간 이 말이 절대 진리gospel truth였기 때문이다. 이 말에 의심을 품는다면 당신이 제정신이 아님을 고백하는 꼴이다. 하지만 이것은 틀렸다. 우리 자신에게 솔직해지자. 우리는 오래 전 이미 모두를 고용하려는, 아니 실업률을 절반으로라도 줄이려는 시도를 포기했다. 일자리 창출이 우리를 구원할 것이라는 생각은 그저 습관일 뿐이다. 그것도 아주 위험한 습관이다. (중략) 남아공의

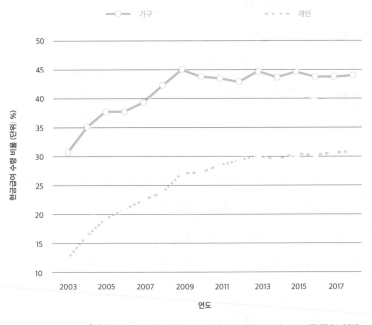

정부로부터 현금급여를 받는 개인과 가구의 비율

○ 가구   ---- 개인

출처: Department of Statistics, *General Household Survey*, Pretoria: STATS SA, 2018.

일자리 손실은 세계 다른 나라들처럼 1970년대 중반부터 시작

되었다. 그래프를 보면 이는 명백하다." ― 조니 스테인버그[28]

이런 현실 속에서 남아공 정부는 광범위한 현금 지급을 통해

어려움에 처한 시민을 지원하고 있다. 정부 통계에 따르면 현재 전 인구의 31%를 차지하는 약 1,700만 명의 시민이 정부의 사회지원 프로그램을 통해 보조금을 받고 있고 이 숫자는 해가 갈수록 커지고 있다. 특히 빈곤 가구가 많이 있는 이스턴 케이프Eastern Cape나 림포포Limpopo 지역의 경우 이 수치는 전체 가구의 60%까지 올라간다.[29] 그리고 이들 지역의 평균 가구 소득 구성을 보면 보조금이 임금 소득을 앞지르고 있다.[30]

현재 남아공 정부가 제공하는 현금 지급 제도에는 노령연금, 장애 보조금, 아동 지원 보조금, 부양 가족 보조금, 원조 보조금, 참전용사 보조금, 아동 입양 보조금이 있다. 그리고 코로나19 범유행을 겪으며 코로나19로 생계가 곤란해진 시민을 지원하는 사회적 빈곤 구제 제도social relief of distress가 신설되었다. 2015년 기준, 남아공에서 빈곤 인구 1명에게 지급되는 사회부조 금액은 연평균 966달러이며, 현금급여의 재원은 국가 세수에서 충당되고 있다.

각 현금 지급 제도의 수급 자격과 금액 등은 아래와 같다.[31]

• 노령연금: 60세 이상 남아공 시민 중 소득이 일정 수준[32] 미만이며, 타 보조금을 수령하지 않는 사람에게 지급되는 보조금이다. 월 최대 약 13만 원이 지급되며, 수혜자는 2015년

기준 319만 명이다.

- 장애 보조금: 정부 기관에 장애인으로 등록된 남아공 시민 중 18세 이상 59세 이하이며 소득이 일정 수준[33] 미만인 사람에 게 지급되는 보조금이다. 월 최대 약 13만 원이 지급되고, 수 혜자는 2015년 기준 110만 명이다.

- 아동 지원 보조금: 18세 미만 아동의 주 보호자(부모가 아니어 도 가능)인 남아공 시민 중 소득이 일정 수준[34] 미만인 사람에 게 지급되는 보조금이다. 월 약 3만 원이 지급되며, 2015년 기준 수혜자는 1,192만 명이다.

- 아동 입양 보조금: 남아공 국민 중 고아나 학대 생존 아동 등 을 대신 돌보는 사람에게 지급되는 보조금이다. 월 약 7만 5,000원이 지급되며, 2015년 기준 수혜자는 47만 명이다.

- 사회적 빈곤 구제 제도: 18세 이상 실업자로, 보조금을 포함 한 다른 수입이 없는 사람에게 지급되는 보조금으로 지역별 로 현금, 쿠폰, 식량 꾸러미가 지급된다.

한국의 기준에서는 보조금이 적어 보일 수 있지만, 남아공 시 민의 최저임금과 월 평균 지출액 등을 고려하면 결코 적은 금액이 라고 할 수 없다. 남아공의 최저임금은 2020년 3월 인상분 기준 시간당 약 1,500원, 월급으로 환산하면 26만 원 정도이고, 2015년 남아공 시민 1인당 월 지출액 평균은 약 18만 원이었다. 게다가 남아공의 노령연금과 유사한 한국의 기초연금[35]의 월 최대 지급액은 2022년 기준 30만 7,500원으로 양국의 경제 격차를 생각하면 남아공 노령연금의 지급액은 비교적 큰 편이라고도 할 수 있다. 이렇게 광범위한 현금 지급 제도는 2000년대 초를 거치며 기본소득 도입 논의로 확장되었다. 남아공이 아직 기본소득을 도입한 것은 아니지만 코로나19라는 새로운 위기를 겪으며 논의는 급물살을 타고 있다. 남아공의 현금 지급 제도 발전 과정과 약 20년간 이어져 온 기본소득 논의는 이제 막 기본소득 이야기가 나오기 시작한 한국 사회에도 시사하는 바가 있다.

가난한 백인을 구하라

남아공 복지제도의 특징은 보험료나 연금을 정기적으로 내지 않아도 보조금 혜택을 받을 수 있다는 것이다. 이런 제도는 기본적으로 인종 차별이 만연하던 과거에 백인만을 대상으로 하던 사회부조제도에서 인종주의를 걷어낸 것이라고 할 수 있다.

남아프리카공화국의 전신은 1910년부터 1961년 영연방을 탈퇴하기 전까지, 남아공과 나미비아 지역을 통틀어 통치하던 영국 제국 자치령인 남아프리카 연방(Union of South Africa, 이하 남아연방)이다. 남아연방 시기 기업가들은 저렴한 임금의 비숙련 흑인들을 계속해서 공급해 주는 정부 정책을 통해 많은 이익을 얻고 있었다. 이로 인한 인종[36] 및 계급 간 갈등은 1920년대 들어 금값이 폭락하면서 더욱 깊어졌다. 1914년부터 1918년까지 유럽에서 이어진 제1차 세계대전으로 인해 각국 통화의 기준을 금으로 삼던 금본위제가 흔들려 금값이 폭락했다. 금값이 폭락하자 금광 소유주들은 상대적으로 임금이 높은 백인 광산 노동자를 저임금의 흑인 노동자로 대체하기 시작했고, 그 결과 백인 실업이 증가했다. 이에 백인 광산 노동자들은 백인을 위한 더 많은 기술직 일자리가 필요하다는 목소리를 내기 시작했다. 광산 지역뿐만 아니라 농촌 지역에서도 대규모 농장이 등장하고 농기계와 농화학 제품의 활용이 늘어나면서 가난하고 기술도 없는 백인인 아프리카너(Afrikaners, 17세기 말에서 18세기 초 유럽에서 이주하여 아프리카 대륙에 정착한 사람들의 후예로 아프리칸스Afrikaans라는 언어를 사용하는 사람들이다)들이 농촌을 떠나 도시로 밀려들고 있었다.

당시 남아연방의 실업위원회는 '가난한 백인'의 비율을 전체 백인의 약 10% 정도로 추산했다.[37] 남아연방 백인들에게 이 가난한 백인의 문제는 유럽 문명과 백인 인종의 우월성까지 위협하는 심각한 문제였다. 연방 수상인 국민당의 헤르쵸그J. B. M. Hertzog에게도 비숙련의 가난한 백인을 흑인 노동자와의 경쟁에서 이기도록 돕고 가난으로부터 구제하는 일은 아주 중요한 과업이었다.[38] 국민당 의원인 스탈스E. L. P. Stals 박사는 국회에서 가난한 백인 문제에 대해 아래와 같이 비장하게 말하기도 했다.

> "빈곤의 문제는 어디에나 있지만, 남아공의 상황은 특별하다. 이 나라에서는 원주민에 비해 백인의 수가 적고, 문명화되지 않은 무리에 비해 문명인이 적다. 이러한 이유로 단 한 명의 백인도 파산하지 않도록 하는 것은 매우 중요하다. 유럽 문명의 사활은 여기 달려있으므로 이보다 더 중요한 문제는 없다."[39]

이처럼 남아연방의 초기 복지제도의 목표는 백인들이 흑인들보다 못한 삶을 살지 않도록 하는 것, 소위 말하는 '문명화된' 삶의 수준을 유지할 수 있도록 하는 것이었다. 이때 남아연방은 백인 빈곤 문제를 노동 기반의 갹출제 사회보험이 아닌 면세나 연금, 보조금 등의 직접적 현금지원 중심의 사회부조로 접근했고, 이 기조는 지금도 이어지고 있다. 남아연방이 이런 방식의 사회부조제도를 발전시키게 된 배경에는 1925년 '경제와 임금 위원회', 그리고 뒤를 이은 '피에나르 위원회'의 보고서가 있다. 이들 위원회는 백인과 칼라드(Coloureds, 과거 백인과 흑인, 아시아인 사이에서 탄생한 다인종 사람들의 후예로, 아파르트헤이트 정부에 의해 별도의 인종으로 분류되었다.) 양쪽 모두 실업률은 4%에 불과하지만, 10만 명에서 15만 명 사이의 빈곤한 백인은 나이가 많거나 장애가 있어 근로에 적합하지 않다는 점에 주목할 필요가 있다는 내용의 보고서를 발간했다.[40] 위원회는 이런 가난한 백인의 문제는 수입이 있을 때 보험료나 연금을 내고 나중에 돌려받는 사회보험제도로 해결할 수 없다는 의견을 덧붙였다.

그리고 갹출제 사회보험제도를 제도화하고 시행하기에는 당장 지원이 필요한 사람들의 수가 너무 많았다. 그래서 정부는 임금노동을 할 수 없는 빈곤한 백인을 구제하기 위한 사회부조제도를 도입하기 시작했다. 처음에는 사회적으로 '지원받아 마땅'하다고 생각하는 노인과 장애인을 대상으로 삼아 1928년에 백인과 칼라드를 대상으로 하는 비갹출제 노령연금을 도입하였다. 65세 이상의 백인에게는 매년 30파운드를, 유색인에게는 매년 18파운드를 지급했다. (하지만 이 금액은 '문명화된 생활'을 영위하기엔 턱없이 부족한 금액이었다. 당시 반숙련 혹은 숙련 백인 노동자의 한 달 임금이 약 30파운드였다고 한다.)[41] 이후로도 백인을 위한 실업수당, 직업프로그램, 농장 지원, 자녀 복지, 장애인 연금, 공공의료지원 등 다른 사회보호 시스템들이 속속 도입되었다.[42]

'원주민 관습'이라는 신화

한편, 흑인들은 남아연방의 사회부조제도에서 전적으로 배제되어 있었다. 가장 근본적인 이유는 백인이 중산층 혹은 숙련직 흑인들에게 역전 당해서는 안 된다는 인종차별주의였지만, 이를 정당화하는 정치인들의 수사는 다양했다. 남아연방의 인구 구성은 소수의 백인과 압도적으로 많은 흑인으로 구성되어 있었기 때문에 국민당의 판 더 메르버Van der Merwe 의원은 "백인 인구는 적은데 비해 (흑인) 원주민 인구는 매우 많다. 그래서 후자에게 연금을 지급하기 위한 부담을 감당할 수 없다"고 말하기도 했고, 노령의 흑인들 중에는 출생 연도 기록이 제대로 되어있지 않은 인구가 상당해서 연령

을 파악하기 어렵다는 기술적인 문제점도 지적된 바 있다.[43]

심지어 흑인에게는 서로 돕고 사는 '원주민 관습'이 있고, 농사를 짓는 사람들이 많기 때문에 애초에 흑인들 중에는 빈곤한 사람이 적다는 황당한 주장을 내놓는 정치인들도 있었다. 이 주장은 흑인들은 농사를 짓는 확대가족으로부터 도움을 받을 가능성이 크기 때문에 사회부조제도의 혜택을 받을 이유가 없다고 판단하는 근거가 되었다. 한술 더 떠 이런 차별은 흑인들을 위한 것이라며, 연금 지급은 사람들을 '탈 부족화'시켜 서로 돕고 사는 '원주민 관습'을 해치게 된다는 논리로까지 나아갔다.[44]

흑인들이 체계적으로 착취당하고 차별당하던 당시 남아연방에서 그들을 빈곤에서 건져낼 '원주민 관습'이라는 것은 당연히 존재하지 않았다. 정부 제도의 차별 속에서 흑인 공동체는 당장의 생존 문제를 스스로 해결하려 노력하는 한편, 정부의 제도적 지원을 요구하는 목소리를 내기 시작했다. 도시지역의 여성 흑인들이 중심이 된 소규모 자조모임인 '스톡펠'은 소액의 저축과 대출활동을 통해 당장의 빈곤을 해결하는 동시에 정부의 제도적 지원을 요청한 대표적 사례다. 이런 노력과 목소리가 모여 1930년 케이프타운에서 개최된 '비-유럽인 대회Non-European Conference'에서 흑인들이 노령연금 대상에서 제외된 것에 대한 유감을 표명하는 결의문이 통과될 수 있었다. 이 결의문을 시작으로 사회부조제도에 흑인들을 포함시켜야 한다는 논의와 이를 요구하는 시위가 이어졌고, 1934년 국민당과 노동당의 협약정부가 국민당과 남아프리카당의 연합정부로 전환된 뒤 노령의 흑인에 대한 면세가 도입되었다.

제2차 세계대전이 발발한 1930년 말, 각각 영국과 독일을 지지하던 영국계 백인과 네덜란드계 백인인 아프리카너는 반목하고 있었고, 부흥하던 군수사업은 더 많은 흑인 노동력을 필요로 하고 있었다.[45]

그 결과 정치적, 경제적으로 흑인이 필요해진 남아연방의 정치인들은 1944년, 마침내 노령연금 지급 대상에 흑인을 포함시켰다.[46] 하지만 인종에 따른 지급액의 차별이 있었고, 1965년의 통계에 따르면 백인과 칼라드, 그리고 흑인이 받는 연금의 비율은 11:4:1로 상당한 차이를 보였다.[47]

당시 남아연방의 상류층을 구성하던 영국계 백인과 주로 중산층에 속하던 아프리카너가 흑인에 대해 보이는 태도는 사뭇 달랐다. 네덜란드계 백인인 아프리카너는 흑인과 주거와 노동을 공유하고 경쟁하는 경우가 많았기 때문에 인종차별 정책을 더욱 거세게 주장했고, 1930년 후반부터 논의가 시작된 흑인을 위한 사회보장제도 도입에도 반발했다. 결국 이런 불만과 혐오는 1948년에 이

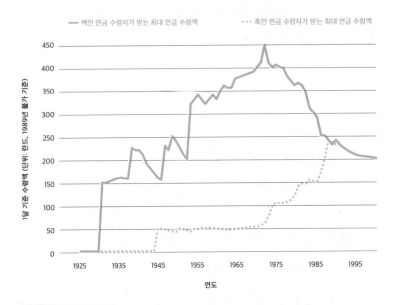

혹인과 백인 사이의 최대 연금 수령액 변동 추이

─── 백인 연금 수령자가 받는 최대 연금 수령액　　　•••• 혹인 연금 수령자가 받는 최대 연금 수령액

출처: Jeremy Seekings and Nicoli Nattrass, *Class, Race, and Inequality in South Africa,*
New Haven: Yale University Press, 2005.

름부터 아프리칸스로 '격리'를 뜻하는 아파르트헤이트 정책을 앞세
운 국민당 말란D. F. Malan 총리 정권을 탄생시켰다. 흑인들을 가난한
상태로 남겨두는 것이 목표인 아파르트헤이트에서 사회복지 정책
또한 자유로울 수 없었고, 1950년대 초, 사회복지부는 흑인과 칼라

드에 대한 사회보장 업무를 각각 반투 관리부[48]와 칼라드부로 이양해 버렸다. 그 결과 복지제도를 가장 필요로 하는 흑인들은 가장 적은 자원을 할당받았고, 주거와 수도, 전기 등 기본 사회 기반 시설에 대한 접근성도 가장 낮았다.[49]

아파르트헤이트의 종식과 사회부조제도의 확장

아파르트헤이트 정권의 폭력과 억압에도 불구하고 남아프리카 민중의 반 아파르트헤이트 투쟁은 이어졌고, 그 중심에는 아프리카 국민회의로 대표되는 정당과 노동단체, 학생조직 등이 있었다. 그리고 국제사회는 남아공[50] 정부의 인권유린에 대해 강력한 제재를 가했다. 오랜 투쟁과 희생, 국제연대는 아파르트헤이트 정권을 흔들었고, 1980년대부터 인종 분리 정책은 서서히 사라지기 시작했다. 1990년엔 반아파르트헤이트 운동의 상징인 넬슨 만델라 Nelson Mandela가 석방되었고, 당시 남아공 대통령이었던 데 클레르크 F. W. de Klerk는 아파르트헤이트 종식을 위한 협상과 제도 개혁에 앞장섰다. 그리고 1994년, 마침내 남아공 최초로 모든 인종이 참여하는 민주 선거가 실시되었다.

이 선거에서 '남아공 노동조합 총연맹', '남아프리카 공산당'과 연정을 구성한 '남아프리카 국민회의'가 승리했고 넬슨 만델라가 대통령에 취임했다. 인구의 약 80%를 차지하면서도 유럽에서 건너온 백인 이주자들로부터 오랜 기간 착취와 차별에 시달린 남아공의 흑인들은 처음으로 참여한 선거에서 자신과 같은 피부색을 가진 대통령을 선출해 냈고, 새로운 정권이 불평등을 해소할 것이라는 기대에 부풀어 올랐다.

이에 부응하듯 만델라 정권은 남아공 사회 전역에 만연한 빈곤과 불평등의 문제를 해결해야만 지속 가능한 발전을 할 수 있다고 천명하고, 이를 위한 구체적 계획인 '재건과 발전 프로그램 Reconstruction and Development Programme'을 내놓았다. 이 프로그램의 여섯 가지 기본 원칙은 통합과 지속 가능성, 사람 중심, 평화와 안보, 그리고 기본욕구 충족이다.[51] 이를 실현하기 위해 새로운 남아공의 정치권, 사회복지계, 시민사회는 정의와는 거리가 멀었던 사회복지제도를 대대적으로 손보고 역사적으로 차별받아 온 여성과 아동, 농민을 위한 정책을 내놓았다. 이렇게 남아공에는 모든 시민이 기본적인 복지 권리를 누릴 수 있는 체제가 만들어지기 시작했다.[52]

아프리카 대륙 최초로 도입된 노령연금은 2015년 기준 약

319만 명에게 지급되고 있으며, 2006년 55.6%였던 노인빈곤률을 2011년 36.2%까지[53] 낮추는 데 중요한 역할을 했다. 노령연금 수혜자들이 실업한 성인 자녀와 손녀·손자와도 이 보조금을 나눠 쓰며 이들의 생계에도 도움을 주고 있다는 연구 결과도 있다.[54] 이러한 일종의 낙수효과는 아동 지원 보조금에서도 찾을 수 있다.

아동 지원 보조금은 1998년 부분적으로 도입되었고 2015년에 이르러서는 매달 1,170만 명에게 보조금을 지급하고 있다.[55] 남아공의 아동 지원 보조금은 생물학적인 부모자식 관계로 구성된 '정상 가족'을 복지급여의 기준으로 전제하지 않는다는 점이 특별하다. 아동 보호자의 결혼 여부나 생물학적 관계를 따지지 않으며, 오직 보조금 지원 대상이 아이를 가장 적극적으로 돌보는 사람인지 아닌지만 조사한다.[56] 다만 생물학적 부모가 아닌 사람이 보호하고 있는 아동의 아동 지원 보조금을 신청할 땐, 아동의 적절한 보호자임을 증명하는 과정[57]이 추가된다.[58]

2015년 통계에 따르면 남아공에서 가족 구성원 중 그 누구도 일을 하지 않는 가정에 살고 있는 아동은 전체 아동의 31%이다.[59] 아동 지원 보조금의 액수는 월 410란드(2022년 기준 한화로 약 3만 원)로 충분한 수준은 아니지만, 남아공에 거주하는 흑인의 월 평균 임금인 4,413란드(약 31만 원)의 10%에 해당하는 금액으로 아동과 보

월 아동 지원 보조금 약 3만 원으로 살 수 있는 것들
(2018년 410란드 기준)

남아공의 야당 '민주동맹'은 정부에 아동 지원 보조금의 증액을 요구하기 위해 하우텡 (Gauteng) 주의 템비사(Tembisa) 지역에서 한 달 기준으로 지급되는 아동 지원 보조금을 가지고 직접 쇼핑을 하며 무엇을 살 수 있는지 실험했고, 그 결과는 아래와 같다.

닭고기 1kg, 옥수수 가루 5kg, 차 250g, 수프 2봉지, 설탕 2.5kg, 밀가루 2.5kg, 식용유 2L, 쌀 2kg, 정어리 통조림 2개, 각종 야채 2묶음, 옥수수 죽 2.5kg, 콩 1kg

민주동맹은 실험을 통해, 위의 식량은 한 달간 아이를 먹이기에 충분하지 않을 뿐더러 식량 외 생필품을 구매할 수도 없다며 보조금 증액의 필요성을 주장했다.

출처: "How far does the R410 child support grant really go?," ⟨IOL⟩, 2018.2.22

호자의 생계에 중요한 역할을 하고 있다. 아동 지원 보조금의 효과를 여성의 권한 강화와 아동의 웰빙 관점에서 연구한 논문은 보조금을 받는 여성들이 양육과 관련된 자기 결정권을 더 많이 느끼게 되었고, 아이들의 건강과 교육에 관련된 어려움이 줄어들었으며, 경제활동에도 보조금을 받지 않는 여성들보다 더 적극적으로 참여하게 되었다는 결론을 내렸다.[60] 또 다른 연구는 보조금 지급이 18세 미만 청소년의 성매매와 그로 인한 HIV 감염률을 낮춘다는 결과를 내놓기도 했다.[61]

분명 성과는 있었지만 앞으로 나아가야 할 길은 더 남았다. 1996년 제정된 남아공 헌법 2장 권리장전Bill of Rights은 "모든 사람"이 "건강보험서비스, 충분한 식량과 물, 스스로나 피부양자를 돌볼 수 없을 경우에 제공되는 적절한 사회복지를 포함한 사회보장"에 접근할 권리를 가지며 국가는 "가용한 자원 내에서 이러한 권리가 점진적으로 실현되어 나가도록 합당한 입법 등의 방법을 취해야 할" 의무가 있음을 명시하고 있다. 한국의 헌법에도 비슷한 조항이 있다. 헌법 제 34조 1항은 "모든 국민"이 인간다운 생활을 할 권리가 있다는 것을, 2항은 국가가 사회보장 증진에 노력할 의무가 있다는 것을 명시하고 있다. 양국 모두 헌법에 '모든 사람', '모든 국민'이 사회보장제도에 접근할 권리가 있거나 인간다운 생활을 할 권리가 있다고 명시하고 있지만, 남아공과 한국의 사회보장제도는 여전히 선별적 복지 체계에 머물러 있다.

남아공의 선별적 사회부조제도는 1994년 약 400만 명에게 지급되었던 사회부조금의 수혜자가 2017년에는 1,740만 명까지 늘어날 정도로 확장을 거듭했지만, 만성적 일자리 문제가 해결되지 않으며 한계에 부딪혔다. 선별적 복지 체계는 기본적으로 장애인, 만성질환자, 가족 내 양육자 등 일을 할 수 없는 사람만을 선별하여 지원하는 체계다 보니 일할 수 있는 신체와 일할 수 있지만 실업 상태인 사람들은 어떻게든 구직을 해서 스스로 삶을 연명해 나가야 하는데, 일자리는 모두에게 충분한 적이 없었다. 보조금의 규모가 충분하지 않고, 실업률은 항상 높으며, 양질의 일자리는 더더욱 부족해 빈곤과 불평등 문제가 지속되는 상황에서 기본소득 논의가 떠오르기 시작했다.

앞서서 기본소득 논의를 시작하다

남아공의 기본소득 논의는 2000년대 초반부터 구체화되었다. 남아공뿐만 아니라 세계적으로도 '보편적 기본소득universal basic income grant'은 일자리 부족에 대한 위기감 속에서 등장했다. 보편적 기본소득은 "한 사회의 모든 성원 개개인에게 그들이 다른 소득 원천이 있든 없든 아무 조건도 내걸지 않고 현금의 형태로 정규적으로 소득을 지급"[62]하자는 것으로, 보편적 기본소득을 주장하는 사람들은 이를 통해 빈곤과 불평등의 문제를 해결하고, 지출을 늘려 경제를 활성화할 수 있다고 주장한다. 그리고 보편적 기본소득은 모든 이들에게 지급되기 때문에 별도로 수혜자를 선별하고 검증하는 과정이 없어 비용 면에서 효율적이고, 사회적 낙인효과도 훨씬 적다는 장점이 있다고 한다. 남아공의 기본소득 논의가 일찍이 시작된 배경에는 이미 다른 가족 구성원들에게 재분배되며 일종의 '작은 기본소득'으로 역할하고 있던 노령연금과 아동 지원 보조금 등이 있었다. 아이러니하게도 이 '작은 기본소득'은 기본소득 논의를 촉진하기도 하고, 동시에 이미 있는 제도에 기본소득의 효과가 있으므로 기본소득으로 확장할 필요가 없다는 주장의 근거로 쓰이기도 한다.[63]

남아공의 사회부조는 계속해서 확장되어 왔지만, 남아공의 불평등은 아프리카 대륙을 넘어 세계에서도 가장 심각한 수준을 유지하고 있다. 남아공의 지니 계수(경제적 불평등 정도를 계산한 지표)는 2014년 기준 0.63으로, 지니 계수 통계가 존재하는 국가 중 가장 높으며, 한국 지니 계수(2012년 기준 0.316)보다 약 두 배 높다. 심지어 지니 계수만 놓고 보자면 인종차별의 상처가 그대로 남아있던 아파르트헤이트 종식 직후보다 경제적 불평등이 더 심화되었다고 할 수 있다. 현재 남아공에서는 부의 71%를 상위 10%가 독점하고 있고, 가장 가난한 60%의 사람들은 고작 7%의 부를 나눠 갖고 있다.[64] 백인이 경제적으로 더 부유하고, 흑인과 칼라드가 가난한 현상 또한 여전하다. 남아공은 브라질, 러시아, 인도, 중국에 이어 '신흥공업경제국가'를 대표하는 'BRICS'[65]의 멤버로 꼽힐 정도로 눈부신 경제 성장을 이뤘지만, 불평등이 만연한 속사정은 전혀 아름답지 않다.

남아공 사회에 이렇게 불평등이 심각한 배경에는 아파르트헤이트라는 역사적 맥락도 있겠지만, 아파르트헤이트가 종식된 이후엔 높은 실업률과 임금 격차의 심화가 중요한 원인이 되었을 것이다. 2003-2015년 남아공 경제가 성장하는 동안 중위소득은 20%만 증가했지만, 상위 1%의 임금은 2배가 되었다는 등의 연구 결과는 경제 성장의 열매가 대다수 시민에게 돌아가지 않았다는 사실을 보여 준다.[66]

노동을 통한 부의 재분배가 제대로 이뤄지지 않는 한편, 남아공의 실업률은 만성적으로 높은 수준을 유지하고 있다. 실업자들은 노령연금 등 다른 종류의 현금 지급을 받는 가족 구성원과 지원금을 공유하거나, 그때그때 손에 잡히는 일을 하며 일당을 받거나, 심지어는 범죄를 통해 벌어들인 돈으로 연명한다. 특히 남아공의 살인율은 인구 10만 명당 35.9명으로, 해당 데이터가 확보된 101개 국가 중에서 다섯 번째로 높은 수준이다.[67] 불평등은 해를 거듭할수록 심화되고 실업률이 높은 수준으로 유지되면서 남아공의 보편적 기본소득 논의는 점차 구체화되고 있다.

남아공의 보편적 기본소득 논의는 아파르트헤이트가 종식되고 민주 정부가 새로운 국정 방향을 만들어 나가던 시기, 시민사회를 중심으로 시작되었다. 특히 1955년 아파르트헤이트로 인한 인권 침해에 반대하며 조직된 인권 단체인 '검은 현장'[68]은 활동 범위를 아파르트헤이트 종식을 넘어 모든 남아공 국민의 인권보장으로 확장했다. 이들은 새로운 정부가 '인권에 기반한 접근법Right-Based Approach'에 의해 사회보장정책을 수립하도록 노력했다.[69] 이 흐름은 지금까지도 기본소득 논의의 중요한 줄기로 이어져 오고 있다. 또한 남아공 노동조합 총연맹도 사회보장제도에서 소외된 채 높은 실업률을 견뎌내고 있는 모든 성인들을 대상으로 하는 최저소득 지급을 주장했고, 정부도 실업자들을 위한 지원 정책을 모색하는 위원회를 설치하는 등의 반응을 보였다. 2001년, 기본소득을 주장하던 검은 현장과 남아공 노동조합 총연맹, 그리고 교회 연합은 다양한 시민사회 단체와 함께 기본소득연대를 결성했다.

시민사회가 기본소득을 도입해야 한다고 외치자 정부도 기본소득에 관심을 갖기 시작했다. 정부의 의뢰로 남아공의 포괄적인 사회보장 체계를 검토한 테일러 위원회는 2002년 보고서에서 아동 지원 보조금의 확장과 더불어 월간 약 100란드(한화 약 7,000원) 수준의 기본소득을 점진적으로 도입할 것을 제안했다. 남아공에서는 이렇듯 나미비아, 브라질, 인도 등의 일부 지역에서 단기간의 기본소득 실험이 이뤄지기도 전에, 성남시와 경기도에서 청년 기본소득이 시행되기 15년도 전에, 국가 차원의 기본소득 지급을 진지하게 논의하기 시작했다.

기본소득 논의,
복지제도의 주요 쟁점으로 자리 잡다

하지만 당시 대통령이었던 타보 음베키Thabo Mbeki를 비롯한 내각 정치인들은 공공연하게 기본소득에 반대 의견을 냈다. 당시 정부 대변인은 정부는 기본소득 활동가들과 다른 철학을 가지고 있고, 비장애 성인들이 '나눠주는 것을 받기보다는 기회와 존엄, 노동의 대가를 누리길' 선호한다며 기본소득 도입 제안을 일축했다.[70] 정부의 부정적인 입장에도 불구하고 기본소득연대는 정부를 계속 압박하고 논의를 진전시키기 위해 노력했다. 뉴스레터를 발간하고 전국 조직을 정비했다. 그리고 기본소득을 위한 예산을 어떻게 조달할 수 있을지에 대한 경제학자들의 연구를 촉진하고 제언을 취합하며, 기본소득으로 인한 '의존성'을 우려하는 정부 관료, 정치인,

그리고 일반 대중을 설득하기 위해 노력했다.

　의존성과 더불어 기본소득 도입에서 가장 쟁점이 되는 부분은 재원 문제이다. 앞서 언급한 '테일러 위원회'의 보고서는 1인당 월 100란드의 기본소득을 지급할 때의 연간 순 비용은 약 240억 란드(약 1조 6,800억 원)라고 추산했고, 테일러 보고서 발표 직후 당시 재무부 장관은 국회에서 기본소득 법안이 통과되면 행정비를 포함해 연간 600억 란드 이상의 총지출이 발생한다고 주장했다.[71] 하지만 제안된 기본소득은 최소한의 생존에 필요한 금액을 지급하는 '초기 본소득ultra-basic income'에 가까운 것으로 애초에 지급 규모가 크지 않고, 이미 지급되고 있는 현금급여에 추가되는 것이 아닌 대체하는 형식[72]으로 지급되는 것이라 실제 늘어나는 정부 지출은 재무부 장관이 말한 600억 란드에 한참 못 미칠 가능성이 높다. 실제로 남아공의 '경제정책연구소'와 학자들은 각각 기본소득 연간 순 지출액을 190억 란드에서 300억 란드 사이, 273억 란드, 270억 란드에서 420억 란드 사이 등으로 다양하게 추산했지만,[73] 그 어느 추산도 재무부 장관이 주장한 600억 란드에는 미치지 않았다.

　재무부 장관의 주장이 틀렸다고 해도 기본소득으로 매년 발생하는 적게는 190억 란드에서 많게는 420억 란드의 지출은 적은 금액이 아니다. 하지만 남아공은 한 해 1조 3,000만 란드 이상의 세금

을 걷는다.[74] 따라서 정부의 의지와 사회적 합의만 있다면 충분히
확보할 수 있는 금액이기도 하다. 앞서 언급한 연구소와 학자들은
기본소득 예산 확보를 위해 부가가치세 등 여러 가지 세금의 세율
을 높여도 남아공의 경제성장을 방해하지 않을 것이라 분석했고,
경제정책연구소는 남아공의 GDP 대비 세수 비율이 OECD 평균보
다 낮고, 비슷한 경제 수준 국가들보다도 낮아 아직 증세할 여력이
있다는 분석을 내놓았다.[75] 2019년 남아공의 GDP 대비 세수 비율
은 26.2%로 같은 해 28%를 기록한 한국보다 조금 낮았고, OECD
평균인 33.5%보다는 더 낮았다.[76]

　　기본소득연대는 경제학자들의 연구를 포함하여 기본소득 도
입을 위한 논리와 사회적 인식을 만들어 나갔지만, 안타깝게도 사
무국 내부의 부정으로 인해 연대가 해체되어 시민단체와 학자들이
개별적으로 기본소득 논의를 이어갈 수밖에 없게 되었다.[77] 그러던
중 남아공의 기본소득 논의는 뜻하지 않은 국면을 맞아 급격히 진
전되었다. 2020년 초, 남아공에도 코로나19 범유행이 시작되었고
취약했던 경제 체제 안에서 더 많은 사람들이 위기에 처하는 상황
이 닥치며 기본소득 논의가 다시 수면 위로 떠오른 것이다. 그런데
이번에는 시민사회가 아닌 정부가 먼저 적극적으로 나섰다.

　　남아공 정부는 코로나19에 대응하기 위해 이례적으로 비장애

인 성인 실업자에게도 실업수당을 일시 지급했는데, 이 보조금 지급의 연장 여부와 향후 계획이 나와야 할 시점인 2020년 7월, 사회개발부의 린디웨 줄루Lindiwe Zulu 장관이 기본소득을 도입하겠다고 깜짝 발표했다.[78] 이 일을 계기로 남아공에서 다시 기본소득이 중요한 의제로 떠올랐고, 이듬해 시릴 라마포사Cyril Ramaphosa 대통령도 여당 '아프리카 국민회의'와의 회담에서 코로나19 특별 재난지원금을 확대하는 방안을 이야기하다가 정부 차원에서 기본소득 도입을 검토할 필요가 있다고 말해,[79] 기본소득의 실제 시행에 대한 기대는 한껏 높아졌다.

하지만 여전히 반대하는 목소리도 상당하다. 기본소득의 재원을 계산하고 마련해야 할 재무부 장관은 대통령의 발언 이후에도 전형적인 기본소득 반대파의 입장에 섰다. 그는 기본소득이 특히 젊은이들의 의존성을 높여 부정적인 결과를 낳을 것이기 때문에 기본소득에 투입할 재원을 청년 기술 교육에 투자해야 한다고 주장했다.[80] 남아공 경제인 연합도 성명을 통해 기본소득 같은 대규모 현금지원이 단기적으로는 문제를 해결하는 것처럼 보일 수 있어도 감당할 수 없는 규모의 기본소득 재원은 이런 효과를 곧 떨어뜨릴 것이라며, 오히려 실업 보험 성격의 제도를 강화하는 게 필요하다고 제안했다.[81]

한걸음 더 앞으로, 나미비아의 기본소득 실험

유럽에서 건너온 정착자들이 만든 식민지 국가였던 나미비아의 복지제도도 남아공과 같은 경로로 발전했다. 당시 남서부 아프리카의 남아공 신탁통치 지역이었던 나미비아 지역에는 1949년 남아공의 모델을 따라 백인 대상의 연금 제도가 도입되었고 1965년 칼라드에게 확대되었다. 그리고 1973년 민족해방 투쟁 과정에서 흑인을 위한 연금이 도입되었다.[82] 1990년 나미비아가 남아공으로부터 독립한 이후엔 노령 연금 아동 지원 보조금, 장애 보조금 등의 현금 지급 제도를 확대했고, 2005년엔 남아공 기본소득연대와 비슷하게 교회와 노동조합, 시민사회단체들이 모여 '나미비아 기본소득연대'를 결성했다.

나미비아 기본소득연대는 나미비아에서의 기본소득 논의를 진전시키기 위해 2008년 1월부터 2009년 12월까지 2년간, 수도 빈트후크Windhoek에서 약 100km 떨어진 오치베라-오미타라Otjivero-Omitara 마을에서 노령연금을 받는 60세 이상 주민을 제외한 모든 주민에게 월 100나미비아 달러(2008년 기준 100 나미비아 달러는 약 1만 3,000원이었다)를 제공하는 보편적 기본소득 시범 사업을 진행했다. 시범 사업의 재원은 독일의 '프리드리히 에버트 재단'과 미국의 '브래드포더월드' 등의 국제 비정부기구들의 지원을 포함한 국내외 모금을 통해서 마련되었다. 현재 알려진 이 사업의 성과는 아래와 같다.[83]

오치베라-오미타라 기본소득 실험의 2008년 결과

- 사업 6개월 동안 저체중 아동의 비율이 42%에서 17%로 하락했다.
- 2007년 11월 기준 지역 내 식량빈곤선 이하 가구 비율이 76%에서 기본소득 실험 1년 만에 37%로 감소했고, 사업 기간 내 이주해 온 사람의 영향을 제외하면 비율은 16%까지 떨어진다.
- 기본소득 지급 이전에는 학령기의 아동들이 제대로 학교에 가지 않았고, 학업 포기율이 40%로 높았지만, 기본소득 지급으로 90%의 학부모가 학비를 낼 수 있게 되었고, 경제적인 이유로 결석하는 비율이 42% 감소했다. 학업 포기율 또한 2008년 6월에는 5%로, 같은 해 11월에는 0%까지 떨어졌다.
- 기본소득을 받은 사람들이 의료 시설을 더 자주 이용하게 되면서, 보건소의 월간 수입이 5배 증가했다.
- 이 외에도 범죄율 감소, 여성의 성적 결정권 강화 등의 사회적 변화가 관찰되었다.

기본소득연대와 이 당시 연구에 참여했던 연구자들이 내놓은 이 사업의 성과는 비록 일부 사업 기간에 발생한 것이고, 이 지역의 사회경제적 상황이 너무나 좋지 않았기에 단기간에

많은 변화가 생길 수 있었다는 점을 감안하더라도 대단하게 느껴진다. 최근 자료 중에서는 기본소득연대가 2019년 발간한 《기본소득: 오치베라, 나미비아-10년 뒤Basic Income Grant: Otjivero, Namibia-10 years later》 보고서만이 사업 종료 이후의 모습을 당시 기본소득 시범사업에 참여했던 사람들과의 인터뷰를 중심으로 보여주고 있다. 해당 보고서는 긍정적인 면에 치중하고 있어 객관성은 다소 부족할 수 있다. 하지만 인터뷰에서 사업 참여자들이 말하는 기본소득이 만든 변화상에는 주목해 볼 필요가 있다. 참여자들은 기본소득 시범사업이 중단된 것을 아쉬워하면서도, 기본소득이 자신들의 생계와 삶을 대하는 태도를 어떻게 긍정적으로 바꾸었는지 말했다. 그리고 이 시범사업을 통해 공동체의 연대가 더욱 강해져 지금도 힘들 때나 좋을 때나 서로 돕고 힘을 모은다는 이야기도 있었다.

오랫동안 나미비아 기본소득 시범사업을 비판해온 오스터캄프Rigmar Osterkamp 박사는 기본소득을 제외한 소득 증대율과 저체중 아동 감소율과 같은 결과가 6개월 만에 나왔다는 것은 믿기 어렵다며 만약 이런 성과가 있었다면 이 시범사업은 종료되지 않고 확장되었을 것이라고 말했다.[84] 그리고 시범사업 매니저가 사업 성과를 측정한 원본 자료를 사생활 보호를 이유로 공개하지 않은 점도 비판했다. 이 기본소득 실험에서 무엇보다도 아쉬운 점은 2009년 이후에는 지급액을 80나미비아 달러로 줄여 기본소득 지급을 이어 나갔지만, 제대로 관리되지 않은 채 자원이 고갈되면서 2013년 어느 시점에 흐지부지 종료되고 장기적인 성과가 연구되지 않았다는 점이다. 세계적으로 전례를 찾기 힘든 시도였고, 정부의 정책 변화를 촉구한다는 목적이 있었기 때문에, 이 사업의 초기에는 다양한 연구자들이 참여해 기본소득 지급이 만드는 양적, 질적 변화를 측정했지만, 두 번째 해인 2009년 기본소득연대는 이 지역으로의 이주가 늘어났다는 이유로 양적 평가를 돌연 중단했다.[85]

그렇게 조금은 의심스럽지만 눈부신 성과가 담긴 2008년의 조사 결과 보고서와 더 이상 지원을 받지 못하게 된 주민들만 남겨둔 채 오치베라-오미테라 기본소득 실험에 대한 넓고 다양한 논의는 단절되었다.

작은 시도가 만들어 낼
큰 변화 상상하기

아프리카는 '우분투ubuntu'[86]의 공동체 정신이 살아 숨 쉬는 대륙이라고들 한다. 하지만 이런 '우분투' 정신을 지나치게 낭만적으로 바라보고 실제 문제의 해결책으로 제시하면 우분투는 남아연방의 백인들이 생각한 바로 그 '원주민 관습'이 된다. 인류학자 제임스 퍼거슨은 친족은 가지는 것이 아니라 실천하는 것이라고 했다. 친족은 혼인 지참금으로 가축을 내놓거나, 결혼식과 장례식 같은 사회적인 행사를 성대하게 치르거나 거기에 참석하는 방식으로 실천된다는 것이다. 이런 과정을 통해 베푸는 쪽은 친족 집단 내에서 더 높은 지위를 얻고, 도움이 필요한 상황에 닥쳤을 때 더 높은 확률로 친족의 도움을 받을 수 있게 된다.[87] 그리고 이 과정에서 돈으로는 환산되지 않는 효과도 분명히 존재한다고 믿는다. 주변 사람에게 한 끼 식사를 대접할 수 없고, 친족이나 친구의 경조사에 참석하고 싶지만 교통비가 부담스러웠던 사람에게 정기적으로 현금이 지급된다면, 그 사람은 식사 그 이상의 든든한 자존감을 갖게 될 것이다. 이런 관점에서 본다면 정부나 시민단체의 현금 지급은 단순히 '빈곤 퇴치'의 도구 이상이 될 가능성을 가지고 있다.

남아시아 국가들의 농촌 경제를 오랫동안 연구한 일본의 경제학자 나카무라 히사시中村 尚司는 사람은 의존할 대상이 충분하지 않을 때 더욱 쉽게 종속되므로, 자립은 결국 잘 의존하는 것[88]이라는 독특한 주장을 내놓았다.[89] 남아공과 한국의 맥락에서 본다면 사회적으로 의지할 곳이 별로 없는 사람들은 의존할 대상이 조금이라도 있었다면 선택하지 않았을, 위험한 일자리, 건강하지 않은 식단, 사채와 같은 것들에 종속된다. 일을 하는 사람도 일을 하지 않는 사람도 모두 고통받는 일자리위기도 어떻게 보면 사람들이 일자리에 종속되며 생긴 위기라 할 수 있다. 그렇다면 사람들이 생존을 위해 기본적으로 필요한 소득을 회사나 개인의 선의가 아닌 국가에 의존하게 된다면 일자리위기도 자연스럽게 해소될 수 있지 않을까? 현금 지급을 통해 일자리의 종속에서 해방된 사람들은 자신과 주위를 돌볼 여유를 가질 수도 있고, 더 넓어진 선택지 속에서 사회활동에 나서고 창업하고 일할 수도 있다.

물론 남아공의 현금 지급 제도는 아직 국내의 심각한 불평등 문제를 해소하지 못했고, 나미비아의 기본소득 실험은 제대로 된 평가가 이루어지지 않아 얻을 수 있는 교훈이 거의 없다. 하지만 이 실험의 경험과 그들이 추구하는 이상은 탈산업화와 임금노동의 위기를 겪으며 대안을 만들어 나가야 할 우리 모두에게, 특히 한국 사회에 큰 의미를 갖는다. 선진 복지국가나 기본소득과 관련된 논의에서 자주 사례로 언급되는 북유럽의 경우 풍부한 천연자원과 이미 세계적으로 탄탄한 기반을 닦아 놓은 제조업을 동력으로 복지 재원을 충당하고, 높은 수준의 복지서비스를 제공하고 있다. 그래서 북유럽을 사례로 두고 복지국가 모델을 논하다 보면 복지국가라는 것이 굉장히 어렵고 한국의 현실과는 거리가 먼 것으로 느껴진다. 한편, 남아공이나 나미비아의 사례는 '이 정도로 효과가 있겠어?'라고 느껴질 정도로 작은 규모지만, 이 현금 지급 제도는 시민의 기본 권리 관점에서 도입되고 확장된 것이라는 점을 특징으로 한다. 대부분의 제도는 나이와 소득 수준처럼 최소한의 조건만을 내걸 뿐, 구직 활동을 하는지 안 하는지, 과거 연금을 원천 징수하는 직장에 다닌 적이 있는지 없는지, 어떤 가족의 형태로 살아가고 있는지는 따지지 않는다. 시민들은 오직 자신의 존재만으로 권리를 누린다. 어린이를 돌보고 있고 노인이고 실업자라면 지급되는 현금은 시민들의 '믿는 구석'이 되어 사람들 삶에 꼭 필요한 부분을 채우고 있고, 남아공 사회는 여기서 한 걸음 더 나아간 보편적 기본소득 도입을 논의하고 있다.

오랫동안 이론적 논쟁의 대상에 머물렀던 기본소득은 코로나 19와 4차 산업혁명을 타고 세계인들의 마음에 스며들었다. 한국에서도 2020년 5월, 전 국민을 대상으로 1인당 최대 40만 원의 코로나19 긴급재난지원금이 지급되었다. 모든 사람의 기본 생계를 보장할 만큼 충분하지는 않았지만, 모든 것이 불확실한 상황에서 지원금을 받을 때 느꼈을 든든함은 공동의 경험으로 남았다. 이런 경험은 한국에서 기본소득 제도를 발전시켜 나가기 위한 좋은 출발점이 될 것이고, 그 여정에 우리보다 한 발짝 앞서 있는 남아공은 좋은 길동무가 될 수 있다.

【 4장 】

서아프리카와
감염병위기

코로나바이러스감염증-19(이하 코로나19) 위기가 아시아를 넘어 전 세계로 퍼져 나가고 있을 때, 나는 한국의 사무실에서 르완다, 케냐, 에티오피아에 있는 동료들과 소통하며 일하고 있었다. 2020년 3월 초, 아프리카 대륙에는 다른 대륙에 비해 코로나19가 늦게 상륙하기도 했지만, 한국에서는 이미 시중에서 마스크 구하기가 어려워질 정도의 '마스크 대란'이 일어나고 있었는데도 동아프리카의 동료들은 저래도 되나 싶을 정도로 침착하고 느긋했다. 3월 11일, 세계보건기구가 코로나19 범유행을 선언했고, 그때까지만 해도 확진자가 없던 에티오피아와 케냐, 르완다에서도 한 명, 두 명 확진되기 시작했다.

이때부터 상황은 긴박하게 돌아갔고 내 업무 시간은 동아프리카의 일과 시간이 끝나는 자정, 혹은 그 이상까지 길어졌다. 각국 정부는 코로나19 관련 조치와 지침을 끊임없이 내놓았고, 아프리카의 상황을 불안해 하는 한국의 파트너들은 촘촘한 상황 보고를 원했다. 정보와 전망이 쏟아졌지만 무엇을 믿어야 할지 알 수 없어 혼란스러웠다. 하지만 그곳에 있는 동료들과 시민들, 특히 르완다 사람들은 꽤나 능숙하게 새로운 상황에 적응해 나갔다. 정부는 때에 따라 강력한 지역 간 이동 제한과 야간 통행금지 등의 방역 지침을 내렸고, 사회적 거리두기를 강조했다. 일회용 마스크를 살 수 없을 땐 천으로 마스크를 만들었고, 마을에서 누군가 코로나19에 걸리면 마을 보건요원훈련을 받았던 주민들이 나서서 이들을 관리했다. 이웃들은 돈을 모아 식량 꾸러미를 만들어 확진자가 살고 있는 대문 앞에 놓기도 했다. 상수도 시설이 거의 없는 시골 마을 곳곳에는 물통과 나무, 끈을 활용해 손을 대지 않고 발로 물이 나오게 하는 손 씻기 시설이 만들어졌다. 어떻게 그런 시설을 만들 생각을 했는지 물었더니, 이웃 나라 국경 지역에 에볼라 바이러스병이 발병했을 때 이런 기술을 교육받은 적이 있다고 했다.

사람들의 동선 하나하나를 추적할 만큼 촘촘했던 한국의 방역에 비하면 허술하다 할 수 있겠지만, 이들은 다른 나라보다 훨씬 더 적은 자원으로 코로나19 위기를 버텨내고 있다. 많은 사람들이 아프리카의 부족한 보건의료 역량을 걱정하지만 아프리카 각국은 유행병에 있어서는 그 어느 대륙보다 경험치가 높다. 서아프리카에서 일어난 일이지만 전 대륙에 경보음을 울린 2013-2016년 에볼라 대유행을 겪었고, 그 앞뒤로도 크고 작은 에볼라 바이러스병, 소아마비, 콜레라 등 여러 감염병 유행을 직간접적으로 겪었다. 내 아프리카 동료들이 코로나19 앞에서 침착해 보였던 이유는 아마 그렇게 쌓은 경험과 지식 덕분이었다는 생각이 든다.

감염병의
시대

19세기, 갖은 감염병에 맞서 일궈낸 의학과 공중위생의 진보를 통해 적어도 서구만큼은 말라리아나 콜레라 같은 감염병의 위협에서 벗어났다고 말하던 시절이 있었다. 1973년 오스트리아 출신의 바이러스학자이자 노벨 의학상 수상자인 프랭크 맥팔레인 버넷Frank Macfarlane Burnet은 '부유한 서구'를 콕 집어 적어도 그곳에서는 "태고적부터 존재했던 인류 존재의 위협 중 하나"인 감염병의 위협이 사라졌다고 주장했다.[1] 그리고 비슷한 시기, 이집트 출신의 역학자 압델 옴란Abdel Omran도 '역학적 전환epidemiological transition' 이론[2]을 통해 19세기 말 위생혁명과 20세기의 의학, 공중보건 진보를 이룬 선진국에서는 사망률이 떨어졌을 뿐 아니라 사망의 주원인도 감염병에서 노화나 성인병으로 바뀌고 있다고 말했다.[3]

그러나 이들의 주장은 너무 섣불렀다. 2020년 시작된 코로나19는 부유한 서구를 포함한 전 세계에서 맹위를 떨쳤다. 사실 코로나19 이전에도 감염병의 위협에서 벗어난 세계는 없었다. 1980년부터 2013년까지, 33년 동안 감염병은 총 1만 2,102번이나 발생했고 219개 나라에서 4,400만 명을 감염시켰다.[4] 선진국도 예외가 아니었다. 이중 1980년대 초 등장한 인체면역결핍바이러스HIV는 한때 북미를 포함한 전 세계에서 유행했고, 2002년 시작된 중증급성호흡기증후군SARS 유행 땐 주 유행 지역이었던 아시아뿐 아니라 북미에서도 적지 않은 감염자와 사망자가 나왔다. 2019년에는 미국 뉴욕을 중심으로 홍역 집단 발병이 일어나 1,000여 명이 감염된 적도 있다. 무엇보다 코로나19 범유행에서 가장 먼저, 처참히 무너진 곳은 지구상에서 가장 부유한 지역인 북미와 유럽이었다.

감염병을 일으키는 것은 바이러스지만, 그 바이러스들에게 살 곳과 이동(전파) 수단을 제공하는 것은 사람, 동물, 그리고 모기와 같은 곤충이다. 이 감염원들이 더 많아지고, 가까워지고, 더 잘 이동하게 되면 감염병의 영향력은 더 커진다. 인류는 떠돌아다니며 수렵, 채취를 하다가 정착해 농사를 짓고, 도시를 만들고, 국가를 만드는 방향으로 변화해 왔다. 우리는 보통 이 과정을 발전과 진보라 부르지만, 적어도 감염병에서만큼은 인류가 더 취약해지는 방향으로 변한 것이라고 할 수 있다.

사람들을 한데 모으는 도시화와 고밀도 거주, 여기에 부족한 폐기물 처리 체계나 슬럼화 등으로 인한 비위생적인 환경이 더해지면 대규모 감염병 사태가 언제 일어나도 이상하지 않은 조건이 마련된다. 2020년 기준으로 전 세계 인구의 55%가 도시에 살고 있고 2050년이 되면 68%가 도시에 살 것으로 전망된다. 이는 곧 감염병에 대한 취약성이 계속 커질 것임을 의미한다.

기후변화와 산림 파괴와 같은 생태계 변화도 감염병과 연관이 깊다. 지카 바이러스 감염증이나 말라리아, 뎅기열 같은 감염병을 옮기는 모기들에게 지구온난화는 희소식이다. 지구의 평균 기온이 올라가면 모기가 좋아하는 따뜻한 계절이 길어지고, 그전까지는 모기가 거의 없던 지역에서도 모기가 활동할 수 있다. 그렇게 더 많은 사람들이 모기 매개 감염병의 위협에 노출된다.[5] 모기도 모기지만, 동물에서 사람으로 바이러스가 뛰어넘는 현상인 '종간 감염'도 늘어나고 있다.[6] 벌목과 개간으로 산림 생태계가 파괴되고 교란

되면, 원래는 만날 일이 없었을 다른 종의 동물들이 한데 모이는 경우가 생길 수도 있고, 야생동물이 사람들의 거주지 근처, 혹은 속에 살게 되는 경우도 생긴다. 이런 환경은 특정 동물 사이에서만 전파되던 바이러스가 변이를 일으켜 사람도 감염시킬 수 있는 기회를 제공한다.

종간 감염에서 특히 주목해야 할 동물은 박쥐다. 박쥐는 독특한 면역체계를 가지고 있어 새로운 바이러스의 숙주 역할을 훌륭히 수행한다고 알려져 있는데, 코로나19 바이러스도 박쥐에서 시작된 것으로 의심되고 있고, 아프리카에서 종종 발생하는 에볼라 바이러스병(이후 '에볼라')도 야생 박쥐의 한 종인 과일박쥐의 몸속에 서식하던 바이러스가 우연한 기회로 사람에게 전파된 것이다. 2003년 유행했던 사스도 중국의 한 야생동물 시장에 있던 관박쥐의 몸속에 살던 코로나바이러스(SARS-CoV, 참고로 코로나19 바이러스는 SARS-CoV-2이다)가 주위에 있던 사향고양이 같은 다른 야생동물에게 전파된 뒤 돌연변이를 일으켜 사람을 감염시키며 시작되었다.

교통의 발달로 가까워진 세계에서는 감염병이 36시간 만에 오지 마을에서 지구 반대편의 주요 도시까지 도달할 수 있다고 한다.[7] 이제는 감염병이 먼 나라에서 혹은 '가난한 나라'에서 유행한다고 안심할 수 없다. 세계화 시대에 한 나라의 감염병 유행은 곧 세계의 위기를 의미한다. 2003년 미국의 싱크탱크인 랜드 연구소는《신종 및 재출현 감염병의 국제적 위협The Global Threat of New and Reemerging Infectious Diseases》이란 보고서에서 국경을 넘어 발생하는 감염병은 개별 국가의 정책으로 대응할 수 없는 새로운 형태의 국제 안보 위협이라는 점을 강조했다. 2021년 발표된 한 연구는 그동안의 감염병 유행 경향을 분석한 결과를 토대로 새로운 감염병 유행 확률이 몇십 년 이내에 세 배까지 증가할 수 있고, 코로나19와 같은 규모의 범유행은 확률적으로 59년 이내에 다시 돌아올 수 있음을 예측하기도 했다.[8]

감염병은 인간에게만 영향을 미치는 것이 아니다. 동물 유행병도 심각한데, 한 예로 2010년부터 2018년 사이 한국에서 구제역 유행을 이유로 '살처분'한 소와 돼지가 38만 마리고, 조류인플루엔자 유행을 이유로 '살처분'한 닭과 오리는 6,900만 마리였다. 2019년에는 아프리카돼지열병이 국내에 유입되며 47만 마리의 돼지를 '살처분'했다.[9] 진화생물학자인 최재천 교수의 표현을 빌리자면 이미 "가축은 수년 동안 매년 코로나19를 겪고" 있는 셈이다.[10]

유행병, 범유행
그리고 풍토병

코로나19는 유행병으로 시작해 범유행이 되었다. 그리고 어떤 사람들은 코로나19가 종식되지 않고 풍토병처럼 반복될 거라고 말한다. 유행병epidemic, 범유행pandemic, 풍토병endemic은 조금씩 다른 의미를 갖고 있다. 우선 유행병은 특정 지역에서 예상하지 못한 감염 사례가 증가하는 것을 의미한다. 한국에서는 콜레라, 천연두, 홍역, 장티푸스 등이 대표적인 유행병[11]이었다. 유행병은 전염병만을 의미하는 것은 아니기 때문에, 비만과 같이 급속하게 환자 수가 증가하는 병도 유행병으로 부르기도 하고, 넓은 의미에서는 흡연처럼 건강에 해로운 행동을 하는 사람이 늘어나는 경우도 유행병에 포함할 수 있다.[12]

유행병 중 감염성을 가지고 있는 질병이 두 개 이상의 대륙으로 퍼져 나가 지역 내 전파감염이 이뤄질 때, 세계보건기구는 범유행을 선언한다. 세계보건기구가 선언한 범유행은 2009년 '신종 플루'로 알려졌던 인플루엔자A_{H1N1}가 처음이었고, 코로나19가 두 번째다. 역사적으로 범유행이라 불렸던 사례까지 찾아보면 541년의 유스티니아누스 페스트부터 시작해서 많은 대규모 유행병이 있었다. 많은 사람들이 들어 봤을 법한 것들만 이야기해 보자면, 우선 14세기 2,500만 명의 생명을 앗아갔다는 흑사병이 있고, 코로나19 범유행과 비슷하다며 많이 회자된 1918-1920년의 스페인 독감, 그리고 1981년에 시작되어 20세기 말까지 세계적으로 유행하다가 아프리카 대륙을 제외한 대부분의 대륙에서는 줄어들고 있는 에이즈가 있다.[13]

세계보건기구를 포함한 보건의료계에서는 코로나19 치료제와 백신이 나오더라도 코로나19가 종식되지 않고 풍토병으로 남을 수 있다는 이야기가 나온다. 풍토병은 어떤 지역에서 반복해서 유행하지만, 그 질병에 대한 경험이 축적되어 어느 정도 예측 가능한 질병을 말한다. 하지만 변이가 계속되고 있는 코로나19가 풍토병 수준으로 예측 가능해질지는 지금으로서는 알 수 없는 일이다.

그리고 풍토병이 되더라도 여전히 위협적이고 방역 조치가 필요할 수도 있다. 그 대표적인 예가 말라리아다. 한때 전 세계에 영향력을 미치던 말라리아는 아프리카 여러 나라의 풍토병이 되어서도 사람들을 계속 괴롭히고 있다. 사실 말라리아를 예방하고 치료하는 방법은 이미 잘 알려져 있다. 잘 때 살충제로 처리된 모기장만 쳐도 39-62%의 말라리아 예방효과[14]가 있고, 제때 병원을 찾아 검사 받고 치료 받으면 회복할 수 있다. 그럼에도 말라리아로 인한 사망자는 계속 나오고, 아프리카에서 국제개발협력 활동이나 여행, 선교 활동을 하던 한국인이 말라리아로 사망했다는 소식도 잊을 만하면 들려온다. 아프리카 대륙에서는 매년 50여만 명이 말라리아로 생명을 잃고, 2020년에는 코로나19로 보건체계가 흔들리며 사망자 수가 60만명대로 증가했다.[15] 이는 범유행 시작부터 2022년 8월까지, 2년이 넘는 기간동안 아프리카 대륙에서 코로나19로 사망한 사람의 두 배 이상이 매년 말라리아로 사망한다는 것을 의미한다. 풍토병이 되거나 익숙해진다고 해서 병이 약해지진 않는다.

왜 말라리아는 아프리카의 풍토병이 되었을까? 미국의 과학 전문기자인 소니아 샤Sonia Shah는 '아직도 말라리아를 없애지 못한 세 가지 이유'를 제시했다.[16] 첫 번째는 과학적인 문제로, 말라리아균이 인류에게 알려진 병원체 중 가장 교활하고 복잡한 병원체라 대응이 쉽지 않다는 점이다. 두 번째는 경제적인 문제다. 가난한 사람들의 취약한 주거 환경이나 부족한 기반 시설이 말라리아 유행 지속의 원인이라는 것이다. 마지막 이유가 가장 흥미로운데, 샤는 "세계에서 말라리아 발생 사례가 가장 많은 지역의 사람들이 그 병에 대해 걱정을 가장 덜 한다"며 문화적 문제가 말라리아를 풍토병으로 남기는 데 한몫한다고 말한다. 말라리아 환자가 많은 사하라 이남의 아프리카 사람들은 말라리아를 마치 감기처럼 여기곤 한다. 이런 문화가 지배적인 곳에 사는 사람들은 모기장을 쓰지도 않고, 말라리아와 비슷한 증상이 있어도 빨리 병원을 찾지 않는다. 하지만 말라리아를 퇴치하겠다는 외부인들은 이러한 상황을 생각하지 않고 쓰기 불편한 모기장(모기장을 매일 치고 잔다는 것은 정말 귀찮은 일이다)을 나눠준 뒤 자꾸 교육을 더 하면 사람들이 모기장을 쓸 것이라고 생각한다.

소니아 샤는 수백 년 동안 말라리아를 겪었지만 대규모 말라리아 퇴치 프로그램 없이도 말라리아에서 벗어난 미국과 영국의 예를 든다. 지금은 미국에서 말라리아에 감염되는 사람이 거의 없지만, 1850년에는 1,000명당 46명이 말라리아로 사망했을 정도로 말라리아는 주요 사망 원인 중 하나였다.[17] 이후 미국과 영국은 도로를 포장하고 하수도를 개선하고 가난한 사람들을 위한 복지 서비스를 마련했는데, 이런 변화로 모기가 살 수 있는 환경에서 멀어졌고 말라리아로부터 벗어날 수 있었다는 것이다. 결국 미국과 영국을 말라리아로부터 해방시킨 것은 모기장 보급과 인식 개선 교육이 아니었다.

이처럼 샤는 과학적, 경제적, 문화적 요인이 상호작용하면서 아프리카에 말라리아가 풍토병으로 자리잡았다고 주장한다. 코로나19가 어느 지역에서 풍토병으로 남을 것인지도 결국 이 세 가지

조건이 어떻게 상호작용하는지에 달려있을 것이다. 많은 사람들은 백신이 나오면 우리는 마침내 코로나19를 '종식'시킬 수 있으리라 생각했지만, '부스터샷'까지 맞아도 코로나19 감염을 막을 수 없었다. '열대 의학의 거장'이라 불리는 로버트 데소비츠Robert Desowitz는 그의 책《말라리아의 씨앗》에서 "백신을 통해 특정 감염성 질환을 세상에서 영원히 박멸시킬 가능성은 실제로 존재한다. 천연두가 그 첫 번째였다. 홍역이 다음 차례가 될지도 모른다. 하지만 백신의 방어력에 주목할 만한 예외도 있다. 바로 일반 감기와 에이즈, 그리고 말라리아다"라고 말한 적이 있다. 현 상황에서 변이를 거듭하는 코로나19는 과학의 산물인 백신으로 박멸할 수 없는 '주목할 만한 예외'에 가깝기에 코로나19가 풍토병이 될지는 샤가 말한 경제와 문화, 그리고 이들과 밀접한 관련이 있는 정치가 어떻게 반응하는지에 달린 셈이다.

아프리카, 풍부한 감염병 대응 경험으로 코로나19를 버텨내다

"에볼라는 예외가 아닙니다. 에볼라는 선례입니다." — 서

아프리카 에볼라 대유행 세계보건기구 특사, 부르스 옐워드Bruce Aylward

코로나19 범유행이 막 시작되었을 때, 북반구의 자선단체와 전문가들은 아프리카가 코로나19로 무너질 거라 외쳤다. 코로나19 범유행 초기, 빌앤멜린다 게이츠 재단의 멜린다 게이츠Melinda Gates는 CNN에 나와 자신은 아프리카의 많은 슬럼과 도시를 다녀봤는데, 그곳 사람들은 사회적 거리두기나 손 씻기를 할 수 없다며, "아프리카를 포함한 개발도상국의 코로나19는 끔찍할 것horrible"이라 말했다. 심지어는 한때 시신을 처리할 수 없어 길거리에 내놓아야 했던 에콰도르의 예를 들며, 아프리카에서도 같은 일을 보게 될 거라고도 말했다. '유엔 아프리카 경제위원회'는 2020년 4월, 아프리카에서 코로나19로 사망하게 될 사람이 최소 30만 명에서 최대 330만 명에 달할 것으로 예측했지만,[18] 2년여가 지난 2022년 8월까지의 사망자 수는 25만 명 선에 머물러 있다.[19]

이들은 아마도 아프리카 국가들이 오랫동안 감염병위기에 맞서 온 선험국이라는 사실은 잊은 채 아프리카의 빈곤과 부족한 의료 기반 시설, 그리고 역동을 넘어 외부인이 보기엔 혼돈처럼 보이기도 하는 사회의 모습에만 집중했을 것이다. 이들이 걱정의 근거로 삼은 높은 빈곤율과 부족한 보건 인프라, 정부에 대한 낮은 신뢰

등이 전혀 존재하지 않는 것은 아니다. 하지만 코로나19가 시작된 지 2년이 지난 지금, 코로나19 감염자와 사망자 수, 인구 10만 명당 감염자와 사망자 수 모두 가장 적은 곳은 아프리카 대륙이다. 아프리카에는 전 세계 인구의 17% 정도가 사는데, 2022년 6월 기준 전 세계 확진자의 2.2%, 전 세계 사망자의 4%만이 아프리카 대륙에서 발생했다.

2020년 2월 14일, 이집트 보건인구부 장관은 아프리카 대륙의 첫 번째 코로나19 확진자가 확인되었다고 발표했다. 이후 다른 아프리카 국가에서도 확진자가 속속 보고되었고, 각국은 빠르게 국경을 걸어 잠그고 야간 통행금지령을 내리는 등 강력한 대응으로 코로나19에 대처했다. 북미와 유럽의 국가들이 자국 보건의료시설이 코로나19를 버텨내지 못할 것을 상상하지 못했던 것과 달리, 아프리카 각국은 그 사실을 정확히 알고 초반부터 강력한 대응을 시행한 것이다. 다른 여느 나라처럼 아프리카 대륙에도 확진자가 급증하는 여러 번의 대유행이 있었지만, 범유행 초기의 아프리카 종말론과 달리 아프리카는 버텨냈다.

통계적으로 아프리카가 다른 대륙에 비해 코로나19에 잘 대응하는 것처럼 보이는 것에 대해 '아프리카 질병통제예방센터'의 라지 타주딘Raji Tajudeen 박사는 아프리카 각국과 아프리카 연합이 합심

전 세계 인구 10만 명당 코로나19 사망자 수(2022.1.25. 기준)

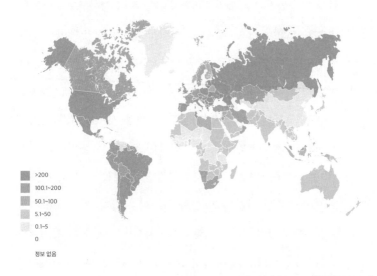

>200
100.1~200
50.1~100
5.1~50
0.1~5
0
정보 없음

출처: 세계보건기구 코로나19 대시보드. https://covid19.who.int/
국가별로 색깔이 진할수록 사망자 수가 많다.

해 코로나19 대응에 최선을 다한 결과라고 하면서도, 통계는 조심스럽게 볼 여지가 있다고 말했다. 그는 코로나19 검사 수가 적기 때문에 확진자 수도 적게 나타나는 것일 수 있고, 아프리카 대륙에는 코로나19에 취약한 노령층 대신 젊은 사람들이 많아서 사망자 수가 적은 것일 수도 있다고 말했다.[20] 아프리카 질병통제예방센터

자료에 따르면 2022년 1월 27일 기준, 아프리카 대륙의 코로나19 누적 검사 횟수는 약 9,400만 회인데, 이는 누적 검사 횟수가 5,000만 회에 달하는 한국의 두 배 정도다. 참고로 아프리카 대륙의 인구는 한국보다 20배 이상 많고, 이중 약 60%가 25세 미만 청년이다. 뉴욕 타임즈도 아프리카 국가들의 사망자 등록 체계가 잘 작동되지 않는다며, 코로나19로 인한 사망도 더 많을 것이란 의혹을 제기한 적이 있다.[21] 그러나 반대로 아프리카의 코로나19 데이터가 실제에 훨씬 미치지 못한다는 것을 뒷받침할 만한 명확한 근거, 예를 들어 코로나19 범유행 기간 동안 일반 환자나 사망자 수가 크게 증가했다는 통계도 아직은 없는 상황이다. 아프리카 내 실제 감염자와 사망자 수에 대한 의견은 여전히 분분하고 때로는 사람들이 너무 아프리카가 잘못한 부분에만 집착한다는 생각이 들기도 한다. 하지만 이 논의의 결론과 상관없이 우리에게는 풍부한 감염병 대응 경험을 가진 아프리카의 어제에서 배워야 했던 교훈이 있고, 앞으로도 배우며 함께 만들어 나가야 할 내일이 있다.

라이베리아 출신의 연구활동가 롭텔 니제이 패일리Robtel Neajai Pailey박사는 2020년 알 자지라에 기고한 글에서 "(코로나19로) 유럽과 북미가 지금껏 겪어본 적 없는 당혹감에 빠져 있는 동안, 남반구 사람들은 모두가 배워야 할 독창성, 관대함, 연대, 공감, 그리고 시민성을 발휘하고 있습니다. 우리는 이들의 실천을 무시하는 게 아니라 배워야만 합니다"라고 말했다.[22] 패일리 박사의 말처럼 감염병 대응에 선진국보다 더 많은 경험을 갖춘 아프리카는 코로나19가 시작될 무렵부터 적극적인 대응을 펼쳤다. 대부분의 아프리카 국가들은 에볼라, 결핵, 말라리아, HIV, 소아마비 같은 여러 감염병에 대응했고, 지금도 대응하고 있기에, 이 새로운 바이러스의 확산을 모니터링하고 통제할 기술과 노하우를 보유하고 있었다. 이들은 기존 경험을 바탕으로 자국에서 코로나19 확진자가 파악되기 전부터 대비를 시작해 전파 초기부터 국경 검역과 봉쇄, 강력한 사회적 거리두기 정책을 펼쳤고, 자세히 들여다보면 나라별로 각자 사정에 맞는 방법을 찾아 코로나19에 대응하고 있다.

예를 들어 범유행 초기, 르완다는 버스 정류장이나 관공서 등 공공장소에 손 씻기 시설을 설치했고, 시민들에게 현금 대신 모바일 머니 활용을 독려했다.[23] 이미 치명률이 15%에 달하는 라싸열 Lassa Fever 유행에 대응하고 있던 나이지리아도 코로나19 유행 초반부터 콜센터를 운영하고, 가짜 뉴스 대응 등의 활동을 시작했다. 콩고민주공화국도 코로나19 검역에 있어 자신감 있는 모습을 보였는데, 국립생명의학연구소에서 에볼라 대응을 담당하고 있는 쟝 자크 무옘베Jean-Jacques Muyembe 교수는 "10번의 에볼라 발병을 겪으면서 확진자가 없었던 지방에서도 여행자를 검역하고 손 씻기를 장려하는 체계가 만들어졌습니다. 그리고 이런 방법들은 코로나19를 예방하는 방법과 동일합니다"라고 말했다. 소말리아는 이탈리아가 코로나19로 심각한 위기를 겪을 때 20명의 의사를 파견해 지원하기도 했다.[24]

아프리카 대륙에 코로나19가 상대적으로 늦게 상륙한 덕도 있겠지만, 무엠베 박사의 말처럼 아프리카의 여러 나라는 에볼라 같은 감염병에 대응한 경험이 풍부했기에 코로나19 초반에도 각자 상황에 맞는 대응 방법을 만들고 실천할 수 있었다. 특히 여러 나라가 영향을 받았던 2013-2016년 서아프리카의 에볼라 대유행 당시의 모습은 코로나19 범유행을 겪는 우리의 모습과 많이 닮았다. 세계가 아프리카처럼 '가난한 나라'뿐 아니라 어디서든 대유행이 일어날 수 있다고 생각하며 대비했더라면, 그리고 코로나19 유행이 시작되었을 때 아프리카를 구원의 대상이 아닌 동등한 파트너로 생각하며 배우고 연대했더라면 우리의 코로나19 범유행 경험은 지금과 많이 달랐을 것이다.

서아프리카

에볼라,
숲에서 도시로

2013-2016년 서아프리카의 에볼라 유행은 역대 최악이었지만 최초는 아니었다. 최초의 에볼라 발병은 1976년 콩고민주공화국의 한 마을에서 있었다. 이때 이 치명적인 바이러스 출혈열성 질병을 조사하던 미국 질병통제예방센터 연구자들은 이 마을에 낙인을 찍지 않기 위해 마을에서 100km 넘게 떨어진 에볼라 강의 이름을 빌리기로 했다. 에볼라 강의 원래 이름은 지역 민족어인 은그반디어Ngbandi로 '하얀 물'을 뜻하는 레그발라Legbala였는데, 벨기에 식민지를 거치며 에볼라로 변했다고 한다.[25] 이 세심한 연구자들 덕분에 지금 사람들은 에볼라라는 이름에서 특정한 도시나 나라를 떠올리지 않게 되었다. 지금까지도 끈질기게 특정 국가나 도시를 거

론하며 코로나19의 탓을 남에게 돌리려는 사람들과는 상반된 모습이다.

최초의 에볼라 확진자가 발견된 콩고민주공화국은 최초 발병을 포함해 2021년까지 총 13번의 에볼라 발병을 겪었다. 가봉, 수단, 우간다, 앙골라, 콩고공화국 등에서도 에볼라 확진자가 발견된 적이 있지만, 그중 사망자가 2,000여 명에 이를 정도로 심하고 오래갔던 2018-2020년 콩고민주공화국 동부의 키부Kivu 에볼라 유행을 제외하면 대부분의 에볼라는 열대우림의 작은 마을에서만 유행한 뒤 종식되었다. 하지만 2013년 말 서아프리카에서 시작된 에볼라는 달랐다. 그전까지는 에볼라가 많은 사람이 모여 사는 대도시에서 발생한 적이 없었는데 이 에볼라는 도시를 중심으로 유행한 것이다.

시작은 숲이었다. 서아프리카 기니의 넓은 숲에는 다양한 야생동물이 살고 있다. 라이베리아 국경 부근의 '앵무새 부리Parrot's beak'라고 부르는 지역도 원래는 숲이었다. 하지만 1990년대, 주변의 내전을 피해 사람들이 이 지역 숲속으로 들어와 살기 시작했고, 벌목업과 광산업체가 이 지역을 개발하며 30여 년 만에 숲은 대부분 사라져버렸다. 숲이 넓었을 때는 야생동물과 사람의 접점이 많지 않았지만, 숲이 파괴되면서 야생동물들이 사람들의 삶에 가까워졌고, 그 중엔 에볼라 바이러스를 품고 있는 박쥐도 있었다. 사람은 고기를 얻기 위해 박쥐를 사냥했고, 박쥐는 마을 주변에 살며 여기저기 침과 분비물을 남겼다.

2013년 12월, 아직도 정확히 밝혀진 바 없는 경로로 에볼라 바이러스가 종간 장벽을 넘어 사람에게 전파되었고, 그 지역에 살던 18개월된 아이가 에볼라에 걸려 사망했다. 다른 아이들과 함께 박쥐들이 사는 나무 근처에서 자주 놀았다는 이야기가 있긴 하지만, 그 아이가 야생동물로부터 직접 감염된 0번 환자였는지, 아니면 다른 에볼라 감염자를 통해 감염된 것이었는지는 여전히 미제 상태로 남아 있다. 이후 바이러스는 아이의 가족에게 전파되었고, 이들이 에볼라에 감염된 사실을 모른 채 돌본 의료인과 전통 치료사 등이 이어 감염되었다. 이렇게 아픈 사람과 그 아픈 사람을 돌본 사람, 그리고 사망한 사람과 그의 장례식에 참석하기 위해 여기저기서 모인 사람이 늘어 갔고, 이를 따라 에볼라는 퍼져 나갔다.

첫 번째 경보음은 18개월 소년이 사망한 지 한 달여 뒤, 그 지역 보건소에서 울렸다. 이 보건소 소장은 심각한 설사로 갑자기 사망한 환자들이 발생했다는 내용을 주district 보건 담당자에게 알렸고, 다음날 보건 요원이 파견되어 조사를 진행했다. 그들은 환자들에게서 설사, 구토, 탈수 등의 증상을 확인한 뒤, 이들이 그 지역에서 유행하던 질병 중 하나인 콜레라에 걸린 것 같다는 결론을 내렸다. 이틀 뒤, '국경없는의사회' 직원을 포함한 조금 더 큰 조사단이 보건소를 찾았지만, 이들도 이 알 수 없는 감염병이 콜레라라는 앞선 팀의 추측에 동의했다. 그렇게 보건 당국이 에볼라와 콜레라를 헷갈리는 동안, 사망한 소년의 먼 친척이 기니의 수도 코나크리Conakry에 갔다가 그곳 병원에서 사망했다. 이때까지도 기니 내에 에볼라가 있다는 사실을 아무도 몰랐기 때문에, 병원의 그 누구도 감염 예방을 위한 조치를 하지 못했다.

오래된 질병과
새로운 맥락의 만남

기니 보건부는 2014년 3월 13일, 확인되지 않은 질병에 대한 주의 경보를 발령했다. 같은 날, 세계보건기구 아프리카 사무소 직원들은 이 감염병을 에볼라와 같은 바이러스 출혈열인 라싸열로 의심하며 이에 대비하기 위한 비상 관리 체계를 공식적으로 시작했다. 다음날, 기니 당국, 세계보건기구, 국경없는의사회로 구성된 조사단이 질병이 퍼지는 지역을 방문해 조사를 시작했고, 3월 22

2013-2016 서아프리카 에볼라 대유행 타임라인

연도	분기	날짜	국가/기관	내용	누적 감염 /사망자 수 (기준일)
2013	4분기	12월 6일	기니	최초 감염 의심 소년 사망	–
2014	1분기	3월 23일	세계보건기구	기니 내 에볼라 발병 발표	120/76 (2014.3.31.)
		3월 30일	라이베리아	국내 최초 감염자 발생	
	2분기	5월 25일	시에라리온	국내 최초 감염자 발생	309/200 (2014.5.28.)
	3분기	7월 23일	나이지리아	국내 최초 감염자 발생	6,553/3,083 (2014.9.26.)
		8월	국제사회	각국, 서아프리카 대상 여행 제한 발표	
		8월 8일	세계보건기구	국제적 보건 비상사태 선언	
		8월 19일	라이베리아	몬로비아 슬럼 웨스트포인트 봉쇄령 및 대규모 시위	
	4분기	9월 19일	시에라리온	1차 봉쇄령(3일)	20,171/7,889 (2014.12.31.)
		9월 29일	라이베리아	에볼라 지원을 위한 미국 병력 도착	
		9월 30일	미국	국내 최초 감염자 발생	
		10-12월	시에라리온	1차 야간 통행 금지령(프리타운)	
2015	1분기	3월 27일	시에라리온	2차 봉쇄령(3일)	25,178/10,445 (2015.3.31.)
	2분기	5월 9일	라이베리아	에볼라 종식 1차 선언	27,514/11,220 (2015.6.30.)
		6월 29일		감염자 재발생	
	3분기	9월	시에라리온	의료인 대상 백신 시범 접종 시작	28,388/11,296 (2015.9.29.)
	4분기	11월 7일	시에라리온	에볼라 종식 1차 선언	28,601/11,300 (2015.12.30.)
		12월 29일	기니	에볼라 종식 1차 선언	
2016	1분기	1월 14일	시에라리온	감염자 재발생	28,610/11,308 (2015.3.30.)
		3월 16일	기니	감염자 재발생	
		3월 17일	시에라리온	에볼라 종식 2차 선언	
		3월 29일	세계보건기구	국제적 보건 비상사태 종료	
	2분기	6월 1일	기니	에볼라 종식 2차 선언	28,616/11,310 (2015.4.13.)
		6월 9일	라이베리아	에볼라 종식 2차 선언	
	3분기	9월 7일	서아프리카	에볼라 유행병 종식	

출처: 세계보건기구 에볼라 상황보고서; Cordelia E. M. Coltart et al., "The Ebola Outbreak, 2013-2016: Old Lessons for New Epidemics," *Phil. Trans. R. Soc. B,* 372(1721), 2017 등의 자료를 저자가 재구성 함

일 프랑스 리옹에 있는 '파스퇴르 연구소'는 이 바이러스가 에볼라이며, 그중에서도 가장 치명적인 자이르Zaire 종임을 밝혀냈다. 이 결과에 따라 기니 정부와 세계보건기구는 에볼라 발병을 공식적으로 발표했지만, 바이러스는 이미 시에라리온과 라이베리아에 전파된 상태였다.[26] 심지어 세계보건기구가 '국제적 공중보건 비상사태 Public Health Emergency of International Concern, PHEIC'를 선언하고 국제사회의 지원이 본격적으로 시작된 것은 또 몇 개월이 지난 2014년 8월이었다. 그렇게 2016년 공식적으로 종식될 때까지 총 2만 8,616명을 감염시키고, 그중 약 40%인 1만 1,310명의 생명을 앗아간 서아프리카 에볼라 대유행의 서막이 올랐다.

이 혼란스럽고 더디었던 초반 대응에 대해 세계보건기구는 '새로운 맥락 속의 오래된 질병'이란 표현으로 당시 상황을 설명했다. 이전까지 에볼라는 주로 콩고민주공화국과 콩고공화국, 우간다와 같이 아프리카 대륙 중에서도 적도 부근의 내륙 지역에서 발병했기 때문에 서아프리카 국가들은 에볼라를 경험한 적이 없었다.[27] 여러 차례 에볼라를 겪은 콩고민주공화국이었다면 확진자들의 증상을 보고 바로 에볼라를 의심하여 샘플을 채취하고 조사할 수 있었을 것이다. 하지만 서아프리카 국가에서는 오래된 질병인 에볼라가 낯설었다. 1982년 독일의 연구자들이 라이베리아 사람들의 혈청을 조사한 뒤 라이베리아에서도 에볼라가 유행할 수 있다고 주장한 논문을 발표했지만, 이 사실을 라이베리아에 알라지도 않았고 라이베리아의 전 복지부 장관이었던 버니스 단Bernice Dahn 등이 뉴욕 타임즈에 공동 기고한 글에 따르면 "이 논문을 내려받기 위해 내야 하는 45달러는 여기 의사의 주급 절반에 해당"할 만큼 비싸기도 해 라이베리아에선 이 논문의 존재가 알려지지 않았다.[28]

종전까지는 국경은커녕 한 마을도 잘 넘어서지 않았던 에볼라가 서아프리카에서는 여러 나라로 전파됐던 또 다른 이유는 서아프리카 시민들이 유독 국경 너머로 교류를 많이 하기 때문이기도 하다. 한 연구는 나이지리아를 제외한 서아프리카 전체 인구 중 11%가 출신국이 아닌 다른 나라에 산다고 추산했다.[29] 이 지역의 사람들은 일거리나 먹거리를 찾아서, 내전 같은 위협을 피해서, 친척이나 친구를 만나러 국경을 넘나든다. 그리고 라이베리아의 수도 몬로비아Monrovia, 시에라리온의 프리타운Freetown, 기니의 코나크리 같은 대도시는 이 바이러스를 다른 나라로 퍼트릴 수 있을 만큼 세계화되어 있었다.[30] 당시 유엔에서 에볼라 대응을 총괄하던 데이비드 나바로David Nabarro는 프리타운을 돌아본 뒤 이런 종류의 에볼라 경험은 처음이라며, "에볼라는 도시로 들어오면서 다른 차원의 문제가 되었습니다"[31]라고 말했다.

다른 지역에서는 오래되고 익숙한 감염병이었지만 서아프리카에서 도시화와 국제화라는 새로운 환경을 만나 그곳 사람들에게 전혀 다른 경험을 안겨준 에볼라처럼, 코로나19도 종전까지는 감염병 유행을 크게 걱정하지 않던 북반구 여러 나라에서 큰 충격과 혼란을 일으켰다. 불과 몇 년 전 서아프리카 사람들이 유례없는 에볼라 대유행을 겪으며 배운 것들은 2022년 8월 현재, 여전히 유례없는 코로나19 범유행을 살아가는 우리에게 공감되는 이야기이자 교훈으로 삼을 만한 것들이다.

배움1 전통은 과학의 반대말이 아니다

사람 사이의 에볼라 전염은 감염자 혹은 감염 사망자의 혈액이나 침, 소변, 모유, 정액 등의 체액이나 분비물이 다른 사람의 상처나 눈, 코, 입 등의 점막에 직접 접촉되며 일어난다. 잠복기는 보통 2일에서 21일 정도이고, 고열, 두통, 인후염 등 '건조 단계'로 시작해 구토, 설사, 간 기능 손상, 원인 불상 출혈 등 '습한 단계'로 발전해 간다. 역대 유행 사례를 보면 치명률(확진자 대비 사망자 수)의 범위가 30-89%까지 넓으며, 평균 감염자의 63% 정도가 사망한다고 한다. 이렇게 치명적인 에볼라의 전염성은 높으면서도 낮다. 조금 더 정확히 말하자면 감염자가 '습한 단계'에 있을 경우 단 한방울의 피나 배설물로도 다른 사람을 감염시킬 수 있기에 위험하지만, 동시에 체액이 몸 밖에 노출되었을 땐 금방 약해져 전파력은 약하다. 그래서 에볼라는 보통 일상생활에서 간접 접촉하는 정도로는 잘 전파되지 않는다.

에볼라의 전파 조건이 이렇게 까다로움에도 많은 사람에게 퍼질 수 있었던 이유로 서아프리카 사람들의 장례 문화를 지적한 이들이 많다. 세계보건기구도 시신 처리와 장례 방식이 세 나라에서 공통으로 발견되는 주요 전파 경로라고 보았고, 당시 호주 보건부 장관도 이 세 나라 국민의 호주 입국을 금지하는 이유를 설명하며 "장례 의식과 행위를 보았을 때, (에볼라의) 영향을 받은 서아프리카 3개국에서 온 사람들은 위협적이다. 그 병에 접촉했을 가능성과 전파할 가능성이 높다"고 말하기도 했다.[32] 세계 각지의 언론은 연일 '숲 고기(bush meat, 야생동물 고기)'를 먹고[33] '전통 장례'를 치르는 아프리카인들의 문화가 에볼라 확산을 일으키고 있다는 기사를 다뤘다. 한편 연구를 위해 시에라리온에 머물다가 에볼라 대유행을 우연히 겪은 뒤《에볼라: 민중의 과학은 어떻게 유행병을 종식시켰나

Ebola: How a People's Science Helped End an Epidemic》를 쓴 인류학자 폴 리처드Paul Richards는 에볼라를 "사회적 친밀함의 질병disease of social intimacy"이라 불렀다.

　　서아프리카에서는 누군가 사망하면 맨손으로 고인의 시신을 씻기거나 시신 가까이서 시간을 보내는 방식으로 장례를 치르곤 한다. 문제는 에볼라 바이러스가 시신에서도 일주일 정도 살아남는다는 사실이었다.[34] 이에 유행 초기, 시에라리온 정부는 시신을 씻는 행위를 징역에 처할 수 있는 범죄로 규정했고 라이베리아는 에볼라로 사망한 사람의 시신은 모두 화장하도록 했다. 하지만 인류학자인 리처드는 이들 정부가 문제를 그릇된 방식으로 풀어냈다고 비판했다. 그는 사람들은 시신이 있기에 장례를 치르고 싶을 뿐이라며, 씻지 않은 시신을 시신 가방body bag에 담아 땅에 묻는 것이 역학적으로는 안전할지 몰라도 사람들에게는 사회적으로나 영적으로 안전하지 않은 방식으로 받아들여진다고 주장했다.[35] 서아프리카 사람들은 이런 식으로 제대로 염하지 않은 시신을 매장하면 고인이 영원히 이승을 떠돌고 공동체에 해를 끼친다고 생각한다는 것이다.[36]

　　서아프리카의 '독특한' 장례 문화에 대한 설명에는 '비밀 결사', '영혼', '제물', '힘의 전승'과 같이 신비롭게 들리는 표현들이 많이 붙곤 한다. 하지만 고인과 잘 이별하고 각자의 사회적 역할을 다하기 위해 정성스럽게 장례를 치른다는 본질에 주목해 보면, 사실 이들의 장례 문화는 다른 나라의 장례 문화와 다른 점보다 비슷한 점이 더 많다. 한국에서도 장례 전에 '시신을 씻는다'. 다만 표현을 시신을 씻는다고 하지 않고 '염습'한다고 하고, 유족이 아닌 장의사가 할 뿐이다. 유족들은 발인 전 고인을 만지며 작별 인사를 하기도 한다. 한국에서도 감염병 시기 장례 문화와 관련된 논란이 있었다. 중앙방역대책본부는 바이러스 전파 예방을 이유로 코로나19 사망자의 경우 '선 화장 후 장례' 방침을 오랫동안 적용해 왔고 유족들은 고인의 마지막 얼굴을 볼 수 없었다. 당국은 2022년 1월이 되어서야 시신을 통해 코로나19가 전파된 사례가 없다는 게 확인되었다며 장례를 먼저 치를 수 있도록 방침을 개정했다.[37]

가족과 공동체의 유대가 강한 서아프리카에서 정부가 전통 장례를 금지하자 시민들은 크게 반발했다. 사람들은 몰래 장례를 치르고, 아파서 병원을 찾아도 장례에 참석했다는 사실을 숨기며 방역에 더 큰 구멍을 냈다. 이후 에볼라 대응 당국은 종교 지도자와 공동체 지도자, 인류학자 등의 조언을 받아들여 역학적으로 안전하면서도 고인의 품위를 지킬 수 있는 매장 방안을 마련했다. 보호 장비를 갖춘 에볼라 매장 팀이 각지에서 조직되었고, 이들은 시신을 시신 가방에 안전하게 봉한 뒤 유족들에게 안전거리를 유지하며 마지막 작별을 고할 시간을 주었다. 때때로 매장 팀은 유족의 부탁에 따라 시신에게 특정한 옷을 입히거나, 어떤 물건을 같이 매장해주기도 했다. 한편 당국과 소통하며 에볼라를 이해하게 된 종교 지도자들은 각 종교 경전에 소개된 과거 역병의 사례를 들며 시신을 씻지 않아도, 특정한 의식을 행하지 않아도 괜찮다는 이야기를 신도들에게 전했다.[38]

한 연구는 국제적십자사의 '안전하고 품위있는 매장' 활동이 최소 1,411건에서 최대 1만 452건의 에볼라 감염을 예방했다고 분석했다.[39] 이렇게 장례와 매장 문화의 본질을 지키면서도 역학적으로 안전한 매장을 가능하게 한 조치는 서아프리카 에볼라 대유행을 멈추는 데 큰 역할을 했다. 그리고 이러한 변화는 사람들이 문화적으로 충분히 유연할 수 있다는 것을 보이는 사례이기도 하다. 시에라리온 시민들은 2015년 현장을 찾은 외국 기자에게 영화 '블러드 다이아몬드'로 유명해진 시에라리온 내전 시기 사람들이 시신을 찾지 못했을 때 어떻게 장례를 치렀는지를 이야기했다. 당시 사람들은 고인이 사망했다고 생각하는 장소에 쇳덩어리나 돌을 며칠 동안 두고 나중에 그 돌을 다시 집으로 가져와 잘 포장한 뒤 땅에 묻는 식으로 장례를 치렀다고 한다. 이처럼 문화는 절대적인 것이 아니다.[40] 그저 방역 당국은 과학을 앞세워 전통과 문화를 적으로 돌리는 것이 아니라, 그 속에서 해결책을 찾아 나가야 했을 뿐이다.

배움 2 '하세요'와 '하지 마세요' 사이에서 인포데믹은 퍼진다

코로나19 '인포데믹infodemic'이란 말이 있다. 정보information와 전염병epidemic의 합성어인데, 코로나19 바이러스가 어떤 나라의 생화학 무기 연구소에서 만들어졌다거나, 누군가 백신 접종을 통해 사람들을 통제하려 한다거나, 소금물이나 따뜻한 물을 마시면 코로나19 예방에 효과가 있다는 등의 잘못된 정보와 음모론이 인터넷을 통해 빠르게 확산하는 현상을 부르는 표현이다. 서아프리카의 에볼라 유행 과정에서도 이런 인포데믹 현상이 있었는데, 퍼져 나가는 잘못된 정보와 음모론의 내용이 비슷하다는 점이 흥미롭다.

에볼라 대유행 당시, 서아프리카 사람들은 살면서 처음 마주한 질병을 쉽사리 믿지 못했다. 집을 소독하고, 검역소를 세우고, 체온을 검사하고, 우주복처럼 생긴 옷을 입은 외지인들이 군인들[41] 과 함께 마을에 들이닥치는 것에도 익숙하지 않았다. 심지어 이 '우주인'과 군인들이 병원과 천막으로 데려간 사람들의 상당수는 돌아오지 않았다. 노예 무역과 오랜 내전의 트라우마[42]를 가진 사람들은 정부가 원조 자금을 벌기 위해, 혹은 선거에서 유리한 위치를 점하기 위해, 혹은 서양이 세균전 실험을 하기 위해 에볼라 유행이라는 사기극을 벌이고 있다는 음모론에 쉽게 혹했다.[43] 에볼라의 존재를 이해한 뒤에도 사람들은 에볼라 대응 인력이나 인도주의 지원 단체가 에볼라를 옮긴다는 소문이나 핫초코와 우유, 양파 등을 먹으면 에볼라가 치료된다는 둥의 확인되지 않은 예방법, 치료법에 흔들렸다.[44]

방역 당국은 에볼라 유행 초기, 인포데믹에 맞서 '에볼라는 실재한다Ebola is real'라는 메시지와 에볼라가 무엇이고 어떻게 동물에서 사람으로, 사람에서 다른 사람에게 전염되는지와 같은 과학적인 사실들을 알리는 데 집중했다. 사망자의 시신을 씻지도 만지지도 말라, 당국에 전화해서 시체를 가져갈 수 있도록 하라, 아픈 사람을 집에서 돌보지 말라, 감염자의 옷과 침구류는 태워라 등의 일반적인 지침과 대중 모임 금지, 야간 통행 금지, 격리, 임시 휴교 같은 정부 방역 지침도 함께 전해졌다. 메시지는 라디오와 배너, 확성기를 통해 여기저기서 반복되었지만, 사람들의 행동을 바꾸는 데는 한계가 있었다.

걸린 시간의 차이는 있지만 대다수 시민은 에볼라가 무엇인지, 그리고 에볼라의 확산을 막기 위해 정부의 방역 지침을 지켜야 한다는 점은 어느 정도 이해했다. 하지만 오랜 내전으로 보건의료 기반이 많이 약해진 서아프리카의 세 나라에서 방역지침을 지키는 것은 간단한 문제가 아니었다. 유행 초기에는 보건 당국에 연락이 잘 닿지 않았고, 겨우 연결되어 에볼라 의심 사망자를 보고해도 심할 때는 8일이나 기다려야 했다.[45] 감염자를 위한 치료 시설도 부족했다. 이런 상황에서 사람들은 '내가 격리에 들어가면 아이는 누가 돌보지?', '아픈 사람을 안전하게 병원에 데려다주려면 어떻게 해야 하지?', '보건 당국에서 보낸 사람들은 며칠 뒤에 도착한다는데, 그동안 감염자의 시신은 어떻게 다뤄야 하지?', '감염자의 옷과 침구류를 태우면 보상은 해주는 걸까?'와 같은 의문[46]을 자연스럽게 가지게 되었다.

세네갈 출신의 의사로 기니에서 활동했던 파투 음보우Fatou Mbow도 비슷하게 초기 에볼라 소통의 한계를 지적하며 일관성의 문제를 제기했다. 그는 "에볼라 소통의 콘텐츠는 단지 '하세요'와 '하지 마세요'로만 이뤄져 있고, 설명을 보기 어려웠다"며 "사람들에게 에볼라 치료 시설Ebola Treatment Unit, ETU에 오라고 하면서 동시에 에볼라 치료제가 없다고 말했다. 가장 큰 혼란은 시신에 관한 것이었는데, 왜 시신이 다른 질병과 달리 그리도 전염성이 강한지를 설명해 주지 않았다. 그래서 사람들은 혼란에 빠졌고, 때때로 의심했다"고 말했다. 혼란과 의심이 커지면서 의료인과 자원봉사자들에게 돌을 던지며 공격하는 일이 여기저기서 일어났고, 확진자가 격리 시설에서 도망치는가 하면, 어떤 가족은 에볼라에 걸린 가족을 집안에 숨겼다. 2014년 9월 기니에서는 에볼라 대응을 위해 한 마을을 찾은 의료인과 공무원, 자원봉사자, 종교인 등 8명이 살해당하기도 했다.[47]

이런 소통 방식에 한계가 있음을 깨달은 정부와 국제기구, 비정부기구는 에볼라 유행 초기 '하지 마세요'가 대부분이었던 메시지를 점점 긍정적이고 실용적인 메시지로 바꾸어나갔다. 예를 들어 유행 초기에는 가정에 에볼라 의심 환자가 생겼는데 당장 의료 당국의 도움을 받을 수 없는 경우, 의심 환자의 체액을 접촉하지 않도록 유의하고 환자가 만진 물건들을 태워야 한다는 원칙적인 지침만 전해졌다. 하지만 유행 중후반부 라이베리아의 정부 지침은 가정에 에볼라 의심 환자가 생기면 한 명의 간병인을 정하고 의료 당국의 도움을 받기 전까지 환자에게 물, 차, 코코넛 물, 죽 등을 주며 돌보되 환자가 간병인을 만지거나 갑자기 구토를 할 경우 토사물이 간병인에 튀지 않도록 네 걸음 이상의 거리를 두어야 한다는,

훨씬 구체적이고 실천할 수 있는 내용으로 발전했다.[48]

배움 3 우리는 모두
역학자가 되어야 한다

혼란과 폭력만 있었다면 서아프리카의 에볼라는 절대 끝나지 않았을 것이다. 서아프리카 사람들은 초반의 혼란을 딛고 이내 창의력과 적응력을 발휘해 에볼라에 대응해 나갔다. 라이베리아의 간호 전공 대학생 파투 케쿨라Fatu Kekula는 세 명의 가족이 에볼라 증상을 보였지만, 의료 시설이 부족해 한동안 집에서 이들을 돌봐야 했다. 그는 일회용 우비와 큰 쓰레기봉투, 스타킹, 장화 등을 이용해서 나름의 방호복을 만들어 가족들을 돌보았다. 이 방호복 덕분에 케쿨라는 에볼라에 걸리지 않았고 환자도 모두 생존했다. 이후 케쿨라의 '쓰레기봉투 방호복'은 널리 알려져 비슷한 상황에 놓인 시민들이 활용하기도 했다.[49] 시에라리온의 한 시민은 들것이 흔들리면 감염자가 구토하게 되어 들것을 드는 사람의 감염 위험을 높인다는 점을 지적하기도 했다.[50] 리처드는 이를 보고 "주민들이 역학자처럼 생각하기 시작했다"고 말했다.

그중 가장 앞서서 '역학자처럼 생각하기'를 실천한 사람은 시에라리온 동부지역에서 두 번째로 감염자가 많이 생겼던 자웨이 부족Jawei Chiefdom의 대족장Paramount Chief 무사 칼론Musa Kallon일 것이다. 칼론 족장은 간호사와 약제사 훈련을 받은 적이 있고, 수도에서 연구소 기술자로도 일한 적이 있어 라싸열과 같은 감염병에 대한 기본적인 지식이 있었다. 한 간호사를 통해 자웨이 부족 내에 에볼라 감염이 시작될 무렵, 그는 족장 회의 참석을 위해 수도 프리타운에 머물고 있었는데, 거기서 자웨이 부족 지역 근처까지 에볼라가 도달했다는 소식을 듣게 되었다. 소식을 들은 칼론 족장은 바로 가족과 다른 족장에게 전화해 에볼라 감염 환자나 시신과 접촉하는 것이 위험하다고 경고했지만, 이미 간호사는 숨졌고 그 간호사를 간호한 칼론 족장의 부인과 병원 직원 여럿은 감염된 이후였다. 칼론 족장의 부인과 부인을 간호한 딸도 결국 에볼라로 숨지고 말았다.[51]

이런 상황에서도 칼론 족장은 에볼라 감염 의심 환자와 접촉한 이후 스스로 42일 동안이나 격리하며 부족을 위한 대책을 세웠다. 그는 리처드와의 인터뷰에서 상심이 컸지만 전사의 후예임을 되뇌며 '사랑하는 부족'을 위해 싸웠다고 회상했다. 그 누구도 자신 근처에 오지 못하게 하면서도 52명의 청년을 뽑고 훈련해 에볼라 대응 조직을 만들었다. 이 팀은 주민들에게 질병에 대해 알리고 아픈 사람을 찾아 이웃들이 경계할 수 있도록 했다. 칼론 족장은 접촉자 추적을 위한 인력과 안전한 매장을 위한 인력도 뽑았고, 조례를 제정해 지역 내 이동을 제한하고 주요 도로를 차단했다. 칼론 족장이 에볼라로 정치적인 이득을 보려 한다거나, 에볼라가 실재하지 않는다는 뜬소문이 돌아 주민들이 족장 집 앞을 찾아가 시위하기도 했지만, 칼론 족장의 조치로 감염자가 줄어들자 이런 구설도 함께 잦아들었다.[52]

칼론 족장의 자웨이 부족은 2014년 5월 25일에서 7월 28일 사이, 184명을 에볼라로 잃었지만 다른 지역보다 훨씬 빨리 에볼라에서 벗어날 수 있었다. 이에 다른 족장과 외부 지원 단체들은 칼론 족장의 방역 조치를 우수 사례로 평가하며 다른 지역에도 적용했고, 칼론 족장의 조례와 비슷한 방역지침이 족장 회의를 거쳐 2014년 8월 전국적으로 시행되었다.[53] 에볼라 종식 이후, 칼론 족장은 '앞선 실수에서 배우기'가 가장 큰 교훈이라고 말했다. 그러면서 시에라리온 학생 중 그 누구도 이 일을 잊지 않도록 에볼라 이야기를 모든 학교에서 가르쳐야 한다고 덧붙였다.[54]

에볼라 초기, 군인까지 동원한 정부와 국제기구의 강력한 대응, 그리고 과학적 지식을 일방적으로 전하는 방식은 사람들의 삶과 충돌하며 의심과 분노를 낳았다. 하지만 시간이 지나면서 당국도 시민들의 목소리에 귀를 기울이기 시작했고, 사람들도 새로 알게 된 지식에 창의력과 유연성을 더해 에볼라에 대처하는 지혜를 발휘했다. 코로나19 범유행에서는 보편화되었지만, 그때까지만 해도 일반적이지 않던 재택 치료가 중요한 역할을 했고,[55] 주변에서 구할 수 있는 물품으로 만든 개인 보호 장비들은 사람들에게 최소한의 보호막이 되었다. 그리고 원조가 도착하기 전, 각 부족과 공동체가 스스로 마련한 방역 조치와 감염병 대응 조직은 감염병의 추가 확산을 막고 국가 방역 체계의 기초를 닦았다.

배움 4 대유행에는 국경이 없다

2014년 8월, 세계보건기구의 국제적 공중보건 비상사태 선포를 기점으로 서아프리카에 대한 자금과 물자, 인력 지원이 크게 늘었고, 2014년 말부터 에볼라 감염자 수는 서서히 감소세에 들어섰다. 유엔은 유엔 에볼라긴급대응단을 신설해 세계보건기구와 함께 국제사회와 에볼라 유행 당사국의 활동을 조율하며 방향을 제시했고, 미국 정부는 군인을 라이베리아에 파병해 치료소를 짓고, 보건 인력을 훈련하고 물자를 보급했다. 당시 라이베리아에는 최대 2,800여 명의 미국 군인이 주둔했다.[56] 이들보다 앞서 서아프리카에서 에볼라 대응 활동을 펼친 국제 인도주의 비정부기구인 국경없는의사회는 최대 4,000명이 넘는 현지 직원과 325명의 국제 직원을 고용해 치료소를 운영하고 감염 관리와 추적, 보건 인식 개선 활동을 전개했다. 국경없는의사회의 자료에 따르면 국경없는의사회는 총 1억 2,000만 달러(약 1,400억 원)를 에볼라 대응에 썼고, 이들이 운영하는 치료소에는 1만 310명의 의심 환자가 방문해 그중 5,201명이 확진으로 진단되었다. 이는 전체 확진자의 3분의 1에 해당하는 숫자다.[57] 이 외에도 총 24명의 의료진과 11명의 지원대를 파견하고, 총 1,260만 달러 규모를 지원한 한국 정부를 비롯해 여러 나라 정부와 시민사회단체가 힘을 보탰다.

이런 국제사회의 연대와 함께 이웃 나라들도 경각심을 가지고 자국 내 에볼라 확산 방지를 위해 적극적으로 노력했다. 그 결과 서아프리카 에볼라 대유행은 기니, 라이베리아, 시에라리온엔 큰 상처를 남겼지만, 다행히도 더 넓은 지역으로 확산되지는 않았다. 적긴 하지만 미국과 유럽에서도 확진자가 나온 와중에 직접 국경을 맞대고 있는 코트디부아르와 기니비사우에서는 확진자가 단 한 명도 나오지 않았고, 세네갈과 말리에서는 각각 1명과 8명의 확진자만 나왔다.

기니에서 에볼라에 감염된 사람이 비행기를 타고 나이지리아 라고스Lagos 공항을 통해 입국한 뒤 말라리아 증세를 호소하며 병원을 찾았다가 국내 전파가 이루어진 나이지리아의 경우에도 확진자 수는 20명에서 멈췄다. 라고스에서 에볼라 확진자가 나왔다는 소식이 발표되었을 때, 국제 여론은 나이지리아 정부가 라고스처럼 인구밀도가 높고 혼돈에 가까운 도시에서 효과적으로 접촉자를 추적하고 통제할 수 있다고 믿지 않았다. 하지만 나이지리아 정부는 바로 세계보건기구와 협력하여 긴급대응센터를 설치하고 주요 도시마다 격리 시설을 짓기 위한 예산을 편성했다. 그리고 라싸열과 소아마비 예방에 활용하던 기술과 시설을 에볼라 대응 체계로 전환했다. 접촉자 추적에는 GPS 기술을 활용해 라고스에서는 100%의, 접촉자가 방문한 또 다른 도시인 포트 하코트Port Harcourt에서는 99.8%의 높은 추적률로 실시간 감시를 시행했다.[58]

세네갈의 경우 확진자가 기니에서 육로를 통해 세네갈의 다카르Dakar에 도착했다. 해외입국자의 감염 사실이 확인되자 세계보건기구는 즉시 역학자를 파견해 세네갈 보건부와 국경없는의사회 등과 더불어 접촉자를 추적했다. 파악된 접촉자 전원을 대상으로 에볼라 검사를 했지만, 확진자는 없었고 세네갈의 에볼라 확진자 수는 1명에 그쳤다. 당시 세네갈은 세계적 수준의 의료 연구기관인 파스퇴르 연구소의 실험실을 보유하고 있어 에볼라를 포함한 각종 감염병 표본을 분석할 수 있었다. 세네갈은 에볼라 대응 센터를 따로 만들어 에볼라가 국내에서 유행해도 기존의 의료 체계는 제 역할을 계속할 수 있도록 하는 체계를 만들었다.[59]

세네갈은 에볼라의 경험을 잊지 않고 코로나19 대응에도 활용하고 있는 듯하다. 인구 1,700만여 명의 세네갈은 코로나19 범유행 중인 2021년 10월 한때 신규 확진자 0명을 기록하고 이후 이어진 4차 대유행(오미크론 대유행)에서도 하루 최대 확진자 600명으로 정점을 찍은 뒤 다시 안정세로 들어서는 등 조용하지만 강한 방역 역량을 보였다. 2014년 에볼라 대유행 시절 설립된 보건부 산하 보건 위기 대응센터는 에볼라 종식 이후에도 계속 유지되었고, 코로나19가 세네갈에 상륙하기 전인 2020년 1월부터 코로나19 대응책을 수립했다. 그리고 2020년 3월 2일, 세네갈 정부는 국내 코로나19 첫 확진자가 나온 이후 48시간 이내 검사 결과를 내놓는 것을 목표로 적극적인 코로나19 검사를 시행했고, 검사를 통해 확진 진단을 받은 시민들을 적극적으로 격리했다. 세네갈 정부의 이런 노력은 해외에서도 인정받아 미국의 국제 관계 잡지 포린 폴리시가 발표한 '코로나19 국제 대응 지표'에서 뉴질랜드에 이어 2위에 오르기

도 했다.[60]

　이렇듯 에볼라 바이러스는 주변 국가들의 적극적인 대응으로 인해 처음 유행한 서아프리카 3개국 밖으로는 널리 퍼지지 못했다. 3개국 안에서도 정부와 시민, 그리고 국제사회의 연대 앞에 기세가 꺾이며 2014년 10월을 기점으로 확산세가 줄다가 2016년 마침내 종식되었다. 세계보건기구는 마지막 확진자 발생 이후 일정 기간 추가 확진자가 나오지 않으면 유행병 종식을 선언한다. 에볼라의 경우 최대 잠복기간의 두 배인 42일 동안 상황을 지켜본다. 라이베리아에서는 2015년 4월, 시에라리온에서는 2015년 9월부터 추가 감염이 발생하지 않아 최종 카운트다운에 들어갔고, 기니는 2015년 11월부터 최종 카운트다운에 들어갔다. 카운트다운 중에도 확진자가 한두 명씩 생겨 다시 처음부터 날짜를 세기도 했지만, 2016년 6월엔 세 나라 모두 에볼라에서 해방되었다.

　전파력이 훨씬 강한 코로나19를 에볼라와 단순 비교하기는 어렵지만, 결국 감염병에는 국경이 없기에 모든 나라에서 코로나19 유행이 멈춰야 범유행도 멈출 수 있다는 사실은 같다. 하지만 코로나19 앞에서 세계는 자국 이기주의를 앞세우며 분열되었고, 그 결과 가장 취약한 곳에서 바이러스 변이가 계속 일어나 코로나19 범유행의 생명을 연장하고 있다.

감염병이
갈라놓은 세계

일부러 마을 이름을 피한 에볼라와 달리 코로나19 초기, 사람들은 이 새로운 감염병에 첫 확진자가 확인된 중국의 도시 이름을 붙여 불렀다. 그리고 전 세계에서는 아시아인에 대한 차별과 혐오, 폭력이 줄을 이었다. 해외에서 피해를 입은 한국인들도 많았다. 이와 같은 아시아 혐오는 케냐에서도 있었는데, 아시아인, 특히 중국인에 대한 괴롭힘이나 혐오 발언이 잦아지자 보건부의 무타히 카궤Mutahi Kagwe 장관이 케냐 시민들에게 이렇게 호소하기도 했다.

"케냐 사람들, 제발, 제발 친절해집시다. 사람들을 챙깁시다. 우리는 공감할 줄 알아야 합니다. 한 가지 덧붙이자면, 아프리카 사람으로서, 누군가를 차별하거나 막 대하지 말아야 하지 않겠습니까? 우리는 이런 차별을 많이 당해 왔기 때문에, 차별을 정말 잘 이해하잖아요. 이번엔 (차별)하지 않아도 괜찮습니다. 하지 맙시다."[61]

카궤 장관의 말처럼 특히 전 세계를 위협하는 전염병이 유행할 때 가장 자주, 많이 차별받는 사람들은 아프리카인이었다. 2013-2016년 서아프리카 에볼라 대유행 시기에도 미국에 살던 모든 국적의 아프리카인들은 크고 작은 차별을 겪었다. 단지 국적이 시에라리온이라는 이유로 무급 휴가를 강요당한 사람도 있었고 다른 학부모들이 걱정한다는 이유로 며칠 동안 학교에 오지 말라는 통보를 받은 르완다 출신의 초등학생도 있었다. 에볼라 발병 여부와 상관없이 모든 아프리카 국적의 국제 학생은 지원서를 낼 수 없다고 발표했다가 나중에 사과한 대학도 있었다.[62]

코로나19가 유행할 때도 아프리카인들은 차별과 혐오에 시달렸다. 2020년 4월, 중국 내에서 특히 아프리카 출신 이주자들이 많이 사는 지역인 광저우 당국은 해외에서 유입되는 코로나19 확진자 수가 늘어나자 아프리카 사람들을 대상으로 강제 검사, 격리 등의 조치를 취했다. 당시 광저우 내 해외 유입 코로나19 확진자 중 아프리카 국적자는 15%에 불과했지만, 이런 조치와 거짓 소문이 퍼지며 아프리카인들은 살던 곳에서 쫓겨나거나 식당 출입을 거부당하는 등의 수모를 겪었다. 이에 아프리카 연합의 무사 파키 마하마트Moussa Faki Mahamat 위원장이 중국 대사를 불러들여 "우리는 광저우에서 아프리카인을 부당 대우했다는 의혹에 대해 극도의 우려를 표명한다"라고 말하기도 했다.[63] 아프리카인에 한정된 차별은 아니지만, 한국에서 경기도 행정부가 2021년 3월, 도내 외국인 노동자를 대상으로 코로나19 집단검사 행정명령을 내리고 인권 침해라는 지적을 받는 와중에도 검사를 강행하여 34만 명 이상을 검사하기도 했다.[64] 서울시도 비슷한 행정명령을 내렸다가 미국과 영국 대사관 등의 항의를 받자 철회했다.

2021년 11월 24일, 남아프리카공화국은 국내에서 발견한 코로나19 변이 사례를 국제사회에 보고했다. 그리고 26일, 세계보건기구는 이를 '오미크론'이라는 이름의 변이종으로 지정했다. 이후 알려진 사실이지만 오미크론 변이는 남아공에서 최초 보고가 있기 전 최소 11일 정도 네덜란드에서 유행하고 있었는데, 그곳에서는 파악하지 못하고 남아공에서 먼저 찾아 보고한 것이다.[65] 남아공은 중요한 발견을 하고 이를 투명하게 공개했지만, 남아공과 아프리카에 돌아온 것은 차별이었다. 미국 정부는 세계보건기구가 이 변이를 우려 변이로 지정한 26일, 보츠와나, 에스와티니, 레소토, 말라위, 모잠비크, 나미비아, 남아공, 짐바브웨 국민의 입국을 금지했고, 한국 정부도 28일부로 해당 8개국 국민의 입국을 금지했다. 하지만 이들 선진국이 남아프리카 국민들에게 문을 걸어 잠그고 있을 때, 이미 다른 대륙에서도 오미크론 변이 사례는 생기고 있었다. 이때 오미크론 감염자가 확인된 국가는 남아공, 호주, 벨기에, 보츠와나, 영국, 덴마크, 독일, 홍콩, 이스라엘, 이탈리아, 네덜란드, 프랑스, 캐나다였다. 하지만 입국이 금지된 지역은 확진자가 발견되지 않은 다른 국가들까지 포함한 남아프리카뿐이었다. 이에 남아공 정부와 아프리카 연합은 신속하고 투명하게 변이 바이러스를 보고한 결과가 어떻게 선진국의 연대와 지원이 아닌 입국 금지령과 같은 '처벌'일 수 있냐며 선진국의 태도를 비판하고, 하루빨리 부당한 규제를 풀 것을 촉구했다. 미국은 한 달, 한국은 두 달이 지나서야 이 조치를 철회했다.

아프리카에서 최초로 진행된 코로나19 백신 임상 실험을 이끌었던 백신 전문가이자 남아공의 비트바테르스란드 대학교 백신학 교수인 샤비르 마디Shabir Madhi 교수는 한 인터뷰에서 남아프리카공화국에서 오미크론 변이를 처음 발견했다고 발표한 직후 미국과 유럽 등 여러 나라에서 남아프리카 국적 시민들의 입국을 막는 조치를 내린 것은 전혀 과학적이지 않은 결정이라고 비판했다. 그는 변이종 발견은 어느 정도 변이 바이러스 전파가 이루어져 샘플링 조사 과정에서 드러났을 때 이뤄진다며, 발표한 시점에 변이가 시작된다고 착각해서는 안 된다는 설명을 덧붙였다. 이어 이런 부당한 조치로 인해 남아프리카의 국가 경제와 사람들의 생계가 무너지질 수 있다는 것도 중요하게 생각해야 한다고 말했다.[66]

가나계 철학자 콰메 안토니 아피아Kwame Anthony Appiah는 가디언에 기고한 〈두 범유행 이야기〉에서 선진국에서는 코로나19의 직접 영향을 받은 확진자나 사망자가 중요하겠지만, 개발도상국에서는 코로나19 방역 조치로 인해 영향을 받는 사람들도 중요하다고 주장했다. 그는 코로나19로 사람들이 병원을 찾기 어려워지면서 원래도 많은 사람들을 감염시켰던 말라리아나 결핵 같은 질병을 치료받을 수 없어 고통받고 사망하는 사람이 늘어나고, 일자리를 잃거나 길에서 노점을 할 수 없게 되어 수입이 줄어든 가족도 많다고 말했다.[67] 아피아는 코로나19 이야기를 했지만, 코로나19 대신 에볼라를 넣어도 이야기는 똑같이 이어진다. 실제로 2015년 시에라리온의 인구주택총조사 자료를 보면 1만 5,142명의 응답자가 에볼라가 유행하던 때 아팠던 적이 있지만 에볼라 감염이 두려워 병원을 찾지 않았다고 응답했다. 그리고 응답자의 55%가 에볼라로 수입이 줄었다고, 13.6%는 심각하게 줄었다고 응답하기도 했다.

교육 문제도 있다. 코로나19로 전 세계 각국에서 휴교가 이어졌는데, 특히 아프리카 대륙에선 다른 곳보다 휴교가 더 길었다. '세계에서 가장 휴교를 오래 한 나라'로 알려진 우간다의 경우 2020년 3월부터 2022년 1월까지 약 1,500만 명의 학생이 학교를 가지 못했다. 그사이 일을 시작한 학생들도 있고, 여학생의 경우엔 일찍 결혼하거나 임신한 학생들도 있어 우간다 정부는 약 30%의 학생들은 학교가 다시 열려도 돌아오지 못할 것으로 추산하고 있다.[68] 에볼라 시기 서아프리카의 아이들도 9개월 가까이 휴교를 겪었다. 학교라는 안전한 공간을 잃은 아이들은 길거리를 떠돌거나, 10대임에도 임신하는 아이들이 늘어났다. 유니세프는 특히 가장 가난하고 취약한 아이들이 휴교의 영향을 가장 많이 받았을 것이라 보았다.[69] 전 세계가 어느 정도의 휴교를 경험했지만, 그 경험의 여파는 사는 곳과 각자의 배경에 따라 너무나 달랐다.

감염병보다 더 넘기 어려운 문제,
백신 부정의

"아프리카 밖에서 만들어지는 백신을 더 이상 기다릴 수가 없습니다. 왜냐하면 그 백신은 결코 우리에게 오지 않기 때문입니다. 그 백신은 절대 제시간에 오지 않을 것이고, 사람들은 계속 죽을 것입니다." — 남아프리카공화국 대통령, 시릴 라마포사
2021년 6월 21일 기자회견 중

코로나19 범유행에서 가장 거대한 차별은 백신 부정의일 것이다. 2022년 1월 기준, 전 세계에서 한 번이라도 백신을 맞은 사람의 비율은 62.4%다. 그리고 한국의 경우 백신 접종을 완료한 사람은 85%, 이중 3차 추가 접종까지 맞은 사람의 비율은 50%이다. 하지만 같은 시기 아프리카 대륙의 백신 접종률은 15%에 미치지 못하고 있다. 대륙 안에서도 사정은 각각 다르다. 2022년 7월, 아프리카 대륙에서 백신 접종률이 높은 나라는 세이셸(82.3%), 모리셔스(76.9%), 카보베르데(55.3%)처럼 인구가 적은 섬나라나 모로코(63.5%), 튀니지(54%) 같은 북아프리카 국가들인데, 사하라 이남 아프리카 국가 중에선 보츠와나와 르완다의 접종률만 50%가 넘고, 대부분의 남아프리카 국가는 20-30%대, 중앙과 동아프리카 국가는 10%대 혹은 그 미만에 머물러 있는 형편이다.[70]

여러 아프리카 국가에서는 백신의 확보뿐 아니라 활용도 고민거리다. 우간다에선 2022년 초, 40만 회분의 백신이 폐기를 앞두고 있다는 기사가 난 적이 있다. 우간다 보건부의 제인 루스 아쳉Jane Ruth Aceng 장관은 접종률이 낮은 우간다 북부에 모더나와 아스트라제네카 백신을 보냈지만, 제때 접종되지 않아 폐기하게 되었다며, 이런 문제를 해결하기 위해 북부 지역을 시작으로 전국에 백신 접종 캠페인을 시행하겠다는 대책을 내놓았다. 우간다처럼 많은 아프리카 나라에서는 백신을 가지고도 접종하지 못해 폐기하는 일이 종종 일어난다. 블룸버그의 기사에 따르면, 카메룬에서는 시설의 부족으로, 콩고민주공화국에선 백신 거부 여론으로, 케냐에서는 주사기의 부족으로 백신 접종에 차질을 겪었다.[71] 백신 공급 초반 다른 국가들보다 앞서 나가던 짐바브웨에서는 오미크론 변이가 다른 변이보다 약하다는 인식이 퍼져 접종소를 찾는 사람들의 발길이 줄기도 했다. 정부의 행정력이나 인구조사 자료가 부족해 고령자 등의 우선접종 대상자를 식별하고 연락하고 실제 접종하는 데 어려움을 겪기도 한다. 세계보건기구 아프리카 사무소의 피오나 아투헤브게Phionah Atuhebwe는 "아프리카에는 대규모 백신 접종 캠페인에 관한 오랜 역사가 있습니다. 하지만 고령자와 기저질환이 있는 사람들을 접종하는 일은 완전히 새로운 영역이에요"라고 말하기도 했다.[72]

2022년 1월까지 아프리카 각국이 '코백스', '아프리카 백신 확보 태스크팀', 그리고 국가별 협상을 통해 확보한 백신의 수는 4억 9,000회분에 달하지만, 이중 65%만이 실제 접종으로 이어졌다. 접종 완료율이 40%를 넘어선 르완다의 경우에는 보유 백신의 활용률이 75%에 달하지만, 우간다는 백신 활용률이 46%이고, 콩고민주공화국은 27%, 차드는 24%, 부룬디는 1% 등으로 이보다 낮았다.

하지만 아프리카 국가의 낮은 백신 활용률을 온전히 그 나라 정부의 탓으로 돌릴 수는 없다. 아프리카 국가에 전해지는 다른 나라의 백신 지원은 종종 급하게 이루어질 때가 많다. 백신을 기부하는 측은 자국 백신 재고 상황에 맞춰 지원 시기와 양을 결정하는 경우가 많아 아프리카 각국 정부는 체계적인 백신 집종 계획을 세우기가 어렵다. 심지어는 유통기간이 얼마 남지 않은 백신을 버리듯 지원하기도 하는데, 아스트라제네카의 경우 유통기한이 6개월에 이르는데, 유통기한이 4주에서 6주 정도 남은 백신을 아프리카 국가에 기부하는 식이다. 이런 문제가 반복되자 2021년 12월엔 코백스를 통해 지원될 예정이었던 백신 중 유통기한이 얼마 남지 않은 1억 회분을 수혜국이 거절하는 일도 있었다.

세계보건기구가 목표로 하는 백신 접종률은 2021년 말까지 모든 국가에서 40% 이상, 2022년 중순까지 모든 국가에서 70% 이상이었다. 사하라 이남 아프리카가 이 목표를 달성하기 위해 필요한 백신의 수는 40% 기준 약 6억만 회분이고, 70%를 기준으로 하면 약 13억만 회분이라고 한다.[73] 세계의 강대국이라 불리는 G20이 개별 아프리카 국가나 아프리카 연합에 약속해 놓고 아직 전달하지 않은 백신의 숫자도 마침 13억만 회분이다.[74]

나이지리아 출신으로 아프리카 연합의 아프리카 백신 보급 동맹을 이끌고 있는 아요아데 알라키자Ayoade Alakija박사는 2022년 초 한 인터뷰에서 백신 부정의가 있는 한 더 많은 변이가 있을 것이고, 범유행은 끝나지 않을 거라고 경고했다. 그러면서 백여 년 전 유행했던 스페인 독감에서 배워야 할 점이 있다고 말했다.

> "때는 1918년, 아프리카 대륙에 큰 영향을 미친 스페인 독감의 마지막 유행을 지날 때였습니다. 세계가 범유행의 종식을 축하하는 동안, 라고스 보호국(지금의 나이지리아)에서는 50만 명 이상의 사람들이 사망했습니다."[75]

스페인 독감 시절의 아프리카는 식민지였지만, 지금의 아프리카는 다르다. 가만히 앉아서 선진국이 쓰고 남은 백신을 보내 주길 기다리는 것이 아니라, 백신 정의와 백신 주권을 외치고 있다. 특히 소리 높여 아프리카의 목소리를 대변하는 남아공의 시릴 라마포사 대통령의 행보가 눈에 띈다. 그는 2021년 말, 다카르 평화 안보 국제 포럼에서 서방 국가들이 자국 인구보다 더 많은 백신을 주문하고도 아프리카 국가들이 백신을 필요로 할 때면 '식탁의 부스러기'만 준다고 강도 높게 비판하며, 아프리카를 '파트너'라 부르면서 그런 욕심을 부리는 모습이 실망스럽다고 말했다.

이어 남아공이 인도와 더불어 세계무역기구에 제안한 코로나19 기술에 관한 '무역 관련 지적재산권에 관한 협정(이하 TRIPS)의 특정 조항 유예안'이 백신 접근성 향상에 큰 도움이 될 수 있는데 여전히 채택되지 않았다며, 백신을 직접 생산할 수 있게 되는 것이 필요한 의약품의 접근성을 가장 빠르고 안전하게 확보하는 길이자 경제 회복의 중요한 요소라고 주장했다. 남아공과 인도의 TRIPS 특정 조항 유예안은 코로나19 관련 의료기술에 한하여 협정 내 저작권과 특허, 미공개 정보의 보호 등과 관련된 조항의 집행을 일시적으로 유예하자고 제안한다. 이 유예안이 통과된다면 코로나19 치료제와 백신과 관련된 특허 독점이 완화되고, 개발도상국을 포함해 여러 나라에서 백신을 생산할 수 있는 길이 열릴 수 있다. 이에 대부분의 아프리카 국가들과 세계보건기구 등이 적극적으로 지지를 밝혔지만, 코로나19 백신 개발 기업이 다수 있는 유럽 국가들을 중심으로 반대가 계속되어 아직 통과되지 않고 있다.[76]

과거가 아닌
이후로 나아가기

코로나19 범유행 앞엔 '유례없는'이란 수식어가 지겹도록 붙었다. 사람들은 코로나19를 종전까지 없었던 일로 생각하고, 또 앞으로도 없을 아주 독특한 사건으로 생각하곤 한다. 하지만 감염병은 항상 우리 주변을 맴돌고 있었다. 사실은 도시화와 기후변화, 그리고 교통의 발달로 여느 때보다 더 유행하기 좋은 시절을 보내고 있다. 감염병에 대응하는 방식도 그렇다. 각 시대에 맞게 세부적인 방식은 다를 수 있지만 코로나19 대응 방식은 그전까지 있었던 다른 대규모 감염병 대응 방식과 크게 다르지 않다.

이미 오랫동안 코로나19를 겪으며 우리도 나름 '역학자처럼 생각하기'를 할 수 있게 된 지금은 앞서 소개한 2013-2016년 서아프리카 에볼라 대유행의 교훈이 특별하지 않게 들리기도 한다. 실제로 당시 나왔던 기사나 토론회 영상 등을 보다 보면 이게 코로나19 이야기인지 에볼라 이야기인지 간혹 헷갈리는 순간도 있다. 그때도 손 씻기와 거리두기, 가장 취약한 사람들을 보호하기가 에볼라 대응 방법으로 강조되었기 때문이다. 더 앞으로 거슬러 올라가면 650여년 전 베네치아에서도 비슷한 점을 찾을 수 있다. 1374년,

이탈리아의 베니치아는 역사상 최초로 도시의 출입구와 항구를 40일간 봉쇄하여 흑사병을 막아냈다. 이탈리아어로 40일은 'quaranta giorni'인데, 여기서 격리를 뜻하는 영단어 'quarantine'가 탄생했다. 그리고 200여 년 전, 프랑스 파리에서 콜레라가 유행할 때, 당국은 콜레라의 확산을 막기 위해 도심 내 대중 집회를 불법화하고 장이 서는 것도 금지했다. 그리고 감염자의 집에는 따로 표시를 해 생존 자들이 집 밖으로 나오지 못하도록 격리했다. 하지만 파리의 엘리 트들은 이런 방역지침을 무시한 채 밤마다 가장무도회를 열고, 시 체 분장을 한 채 '콜레라 왈츠'에 맞춰 춤을 추다가 콜레라에 걸리 기도 했다.[77]

이처럼 감염병에 대응하는 방법은 이미 어느 정도 알려져 있 고 어쩌면 더 이상 새롭고 획기적인 방법은 없을지도 모른다. 다만 서아프리카 에볼라 대유행에서처럼 감염병 대유행에 맞서는 시민 과 정부가 기본을 실천하면서 각자의 상황과 시대에 맞게 적용해 야 할 뿐이다. 그 과정에서 과학과 전통을 함께 생각하는 '품위있는 매장'과 라이베리아의 파투 케쿨라가 우비와 비닐봉지로 만든 개 인 방호복이 등장했고, 정보통신의 발달로 더 심각해진 인포데믹 에 대응하기 위해 감염병 소통 방식이 진화했다. 아프리카에는 에 볼라뿐 아니라 오랫동안 수많은 감염병에 대응해 온 경험이 있지만, 코로나19 범유행 앞의 세계는 아프리카를 무시하고 차별했다. 북반구의 '전문가'와 자선가, 언론은 연일 아프리카 종말론을 쏟아 내면서도 자기 나라를 위한 마스크와 백신 확보에 혈안이 되어 한동안 쟁탈전을 벌였다. 그 결과 코로나19 범유행에서도 에볼라 대유행에서 일어났던 실패가 반복되었다. 인포데믹이 퍼졌고, 방역지침은 사람들의 생활 양식과 충돌해 사람들이 반발을 샀고, 가장 취약한 사람과 지역을 제대로 돌보지 못하면서 변이 바이러스가 생겨나고 유행이 길어졌다.

최근 일일 확진자 수가 줄고 사회적 거리두기가 완화되며 '포스트 코로나(코로나 이후)'라는 말이 많이 나오고 있다. 서아프리카 에볼라 대유행 종식 이후에도 '포스트 에볼라'라는 말이 나왔었다. 에볼라 종식 이후, 세 나라의 지도자들은 에볼라로 피폐해진 경제와 사회를 복구하고, 튼튼한 보건의료 기반을 갖추기 위한 계획들을 내놓았다. 하지만 종식된 유행병에 대한 국내외의 관심은 금방식었고, 우선순위는 다시 경제 성장과 도로 건설, 일자리 창출처럼 늘 하던 이야기로 돌아갔다. 에볼라 이후 설립된 라이베리아 국립 공중보건기구의 첫 번째 사무총장을 지낸 톨버트 넨스와Tolbert Nyenswah는 감염병 감시와 조기 발견 체계의 진보를 강조하며, "에볼라 이전과 비교하면 대응 역량은 열 배 정도 개선되었다"고 말했다. 하지만 의약품과 의료 장비, 공중보건 체계가 여전히 취약하다는 점도 인정했다.[78] 대유행 당시 구급차 간호사로 에볼라 대응의 최전선에 섰던 무사Musa 간호사는 그 많던 구급차가 다 어디 갔는지 모르겠다고 말했다. "가끔씩 구급차가 늦어서 죽는 사람들을 보곤 합니다. 때로는 구급차에 연료가 없기도 해요. 에볼라 때는 다 있었는데 말이죠."[79]

서아프리카의 에볼라 종식 이후는 코로나19 방역 지침이 완화되어가는 지금 우리의 모습과 비슷하다. 코로나19가 유행이 정점에 다다랐을 때, 사람들은 '포스트 코로나'를 상상하며 노동, 민주주의, 환경, 산업 등 다양한 분야에서의 변화를 말했다. 어떤 사람은 코로나19로 사람들이 기후위기에 대한 경각심을 가지게 되어 삶의 양식이 변할 거라 말하고, 어떤 사람은 '메타버스(가상세계)'가 사회 전반으로 확장될 거라 말하는가 하면, 어떤 사람은 자본주의 체제를 근본부터 다시 생각하게 될 거라 말했다. 하지만 코로나19 확진자가 줄고 방역지침이 조금씩 완화되는 지금, 우리의 시간은 코로나 이후가 아닌 이전, 그 전과 똑같은 일상을 회복하는 방향으로 역행하고 있다. 정부는 '일상 회복'을 코로나19 정책의 목표로 내놓았고, 사람들은 그동안 참았던 소비와 여행 욕구를 분출하고 있다. 이런 식이라면 기후위기나 환경 파괴, 불평등 심화처럼 대규모 감염병 유행을 부추기는 요인은 다시 강화될 것이고, 우리는 곧 또 다른 대규모 감염병을 겪게 될 것이다.

코로나19는 전무후무한 사례가 아닐 뿐 아니라 오히려 감염병 전성기의 시작을 알리는 서막에 가깝다. 이런 상황에서 우리가 가야 할 방향은 코로나 이전이 아니라 '포스트 코로나'이고, 그 길을 걷는 방법은 서아프리카 에볼라 경험에서, 우리 모두의 코로나19 경험에서 어느 정도 제시되었다. 감염병은 그 시작과 전파 모두가 연결에 관한 것이다. 익숙한 것에서 벗어나 더 나은 선택을 하고 창의적으로 실천할 수 있는 공간이 넓어질 때 온통 연결된 우리 사회의 면역력은 높아질 수 있다.

나가며

Wherever something stands, something else will stand beside it. (어디든 무언가 있으면, 그 옆에 다른 무언가가 있을 것이다.)

위의 문장은 '아프리카 현대 문학의 아버지'라고 불리는 나이지리아 작가 치누아 아체베Chinua Achebe가 인용하여 유명해진 이보Igbo 민족의 속담이다. 치누아 아체베는 이 속담을 "무엇이든 한 가지 방식으로 존재할 수 없다"는 의미로 해석했다. 이보 사람들은 절대적인 것은 없고 좋은 것도 지나쳐서는 안 된다고 생각한다는 것이다. 그는 아프리카 대륙에 처음 도착한 성직자들이 이런 이중성 혹은 상호보완성에 반하는 한 가지 방식, 한 가지 진리, 한 가지 삶을 가지고 왔기 때문에, 아프리카 사람들과 갈등을 겪게 되었다고

말했다.[1]

　나에게 아프리카는 이중성을 넘어 '다중성'의 세계다. 마블 Marvel의 '멀티버스(multiverse, 다중우주)'보다 더 흥미로운 세계관처럼 보인다. 아프리카에는 여러 세계가 공존하고 있는데, 그중에서도 과거에 중심을 둔 세계가 아프리카를 주로 대표해 왔다. 에티오피아에서 발견된 고인류 화석 '루시Lucy'가 살았던 인류의 기원지, 이국적인 전통문화가 살아 숨 쉬는 관광지, '때 묻지 않은 순박한' 사람들이 사는 땅, 국제사회가 정한 여러 기준에 못 미치는 '저개발'의 대륙과 같은 관점이 이 세계관에 포함된다.

　최근 아프리카를 흐르는 여러 가닥의 세계관은 하나의 큰 줄기로 모여들고 있다. 과거 유럽에서 온 성직자들이 전하려 했던 한 가지 진리와 한 가지 삶의 이야기가 이제 뿌리를 내린 것인지, '중저소득국'이나 '중진국'의 반열에 오르는 것을 목표로 삼은 아프리카 각국의 정치인들이 박정희 대통령의 '경제 개발 5개년 계획'을 떠올리게 하는 국가 발전 전략을 세워 시민들에게 한 방향으로 나아가자고 설득하고 있다. 전 세계의 자본도 원조와 개발사업차관이란 이름으로 돈을 쏟아부으며 이 개발을 부추기고, 국제기구와 국제개발협력 단체들도 발 벗고 나서 아프리카 대륙을 '개발'하고 있다. 이 이야기는 현대 아프리카에서 분명 큰 부분이지만, 이 책에선 일부러 크게 다루지 않았다. 케냐의 언론인이자 작가인 비냐방가 와이나이나Binyavanga Wainaina가 말한 대로 아프리카에서 자본을 쥔 서구와 중국의 영향력이 큰 비중을 차지하는 것으로 보이지만, 결국 주목해야 할 것은 자신의 미래를 위해 외부인들과 함께하는 아프리카인이기 때문이다.

> "시장 자본주의는 흔들리고 있고, (유럽인들이 와서 역량을 강화시켜 주길 기다리던) 민중은 느닷없이 석유와 구리, 그리고 야망을 갖게 되었어요. 이제 (아프리카) 대륙은 새로운 파트너십, 새로운 자본과 손잡을 때가 되었습니다. 중국은 천사가 아니지만 우리는 그들에게 천사입니다. 앞으로의 세계에 없어선 안될 존재죠. 그들은 우리가 아닌 그들의 미래를 위해 일하고, 우리는 우리를 위해 그들과 함께 합니다. 우리는 그들에게 현실이고, 그들에게 낼 목소리가 있어요." — 비냐방가 와이나이나[2]

이 책이 주목한 것은 지배적인 세계관에 통합될 위기에 처한 다중성의 세계다. 아프리카에는 오롯이 땅에 발을 붙인 채 자연의 변화와 시간에 따라 살아가는 사람들의 세계가 있고, 미래를 걱정하고 대비하기보다는 오늘에 집중하며 살아가는 사람들의 세계도 있다. 그리고 온 세상이 한 방향으로 가는 와중에도 자신과 공동체에 맞는 길을 씩씩하게 개척하는 사람들의 세계도 있다. 나는 이 다양한 세계를 오가며 다양한 실천으로 위기에 맞서고 새로운 길을 개척하는 사람들의 이야기를 기록하고 소개하기 위해 노력했다. 선택의 기로에 선 우리 모두에게 아프리카의 다중성은 상상력의 위기를 극복하고 새로운 방향성을 제시하는 데 큰 힘이 될 것이라 믿기 때문이다. 다행히도 아프리카에는 아직까지는 '멀티버스'가 공존하고 있지만, 더 많은 사람이 주목하고 연대하지 않으면 사라질지도 모른다.

아프리카 연합이 아프리카를 세계의 강대국에 올려놓겠다며 내놓은 청사진인 '의제 2063Agenda 2063'의 슬로건은 '우리가 원하는 아프리카The Africa We Want'다. 아프리카는 인류 위기의 최전선에서 바로 그 위기의 근본 원인인 착취와 차별의 상처를 딛고 자신들이 원하는 미래를 그리고 있다. 그렇게 우리 모두의 상상을 품을 수 있는 미래가 아프리카에서 싹트고 있다.

아프리카 출신이 아닌 사람이 아프리카에 관해 쓰는 일은 많은 자기검열을 거쳐야 하는 일이다. 아프리카는 다른 어느 대륙보다도 다양하고 역동적이지만 아프리카 이야기를 세계에 전하는 사람들은 그만큼 다양하지 않다. 목소리를 담아낼 수 있는 문학과 학문, 언론 등의 분야에서 아프리카인은 오랫동안 차별당했고, 대신 외부인이나 한국의 '검은 머리 외국인'처럼 적극적으로 중심부 세계의 사상과 태도를 받아들인 몇몇 아프리카인만이 아프리카의 이야기를 분석하고 기록할 수 있었다고 생각한다. 다행히도 시간이 지날수록 더 다양한 아프리카인들이 자신과 아프리카의 이야기를 전하고 있다. 이 책도 〈아프리카는 한 나라다Africa Is a Country〉와 같은 미디어 플랫폼의 작가들이나 소셜미디어의 수많은 아프리카 누리꾼, 그리고 다양한 분야의 활동가와 정치인의 통찰이 없었다면 시작조차 하지 못했을 것이다.

아프리카의 관점을 최대한 담으려 노력했지만 아쉽게도 이 책의 참고 문헌 대부분은 내가 이해할 수 있는 영어나 한국어로 작성된 문서고, 그러다 보니 유럽이나 북미의 저자, 그리고 영미권에서 교육받은 아프리카인이 쓴 글이 많다. 더 다양한 언어와 현장으로 범위를 넓혔다면 훨씬 많은 실천과 투쟁, 변화를 담을 수 있었을 텐데 그러지 못한 것이 아쉽다. 기회가 된다면 이 책에서 소개된 각 사례의 현장을 찾아 시민들과 이야기하며 더 자세하고 생생한 기록을 남겨보고 싶다. 어쩌면 이 책의 내용을 통째로 바꾸고 싶을 정도로 다른 이야기가 나올 수 있겠지만, 그 또한 흥미로운 비교와 과정이 될 수 있으리라 생각한다. 이렇게 나는 앞으로도 아프리카를 기록하고 이야기할 것이다. 상상하고 행동하는 곳에 따뜻하고 흥미로운 미래가 있기 때문이다.

기관명, 후주

기관명

한글 표기	영문 표기
검은 현장	Black Sash
국제노동기구	International Labour Organization, ILO
국제이주기구	International Organization of Migration, IOM
그린 벨트 운동	Green Belt Movement
기후변화 협의회	National Climate Change Council
기후변화에 관한 정부 간 협의체	Intergovernmental Panel on Climate Change, IPCC
기후행동추적	Climate Action Tracker
나미비아 기본소득연대	Namibia Basic Income Grant Coalition
남아프리카당	South Africa Party
남아프리카 공산당	South African Communist Party
남아공 노동조합 총연맹	Congress of South African Trade Unions, COSATU
남아공 경제인 연합	Business Unity South Africa
라이베리아 국립 공중보건기구	National Public Health Institute of Liberia
미국 질병통제예방센터	Centers for Disease Control and Prevention, CDC
미국 항공 우주국	National Aeronautics and Space Administration, NASA
민주동맹	Democratic Alliance
브래드포더월드	Bread for the World
세계기상기구	World Meterological Organization, WMO
세계무역기구	World Trade Organization, WTO
세계보건기구	World Health Organization, WHO
세네갈 보건위기대응센터	Centre des Opérations d'Urgence Sanitaire, COUS
아프리카 국민회의	African National Congress, ANC
아프리카 녹색혁명 동맹	Alliance for a Green Revolution in Africa, AGRA
아프리카 단결기구	Organisation of Africa Unity

한글 표기	영문 표기
아프리카 백신 보급 동맹	African Vaccine Delivery Alliance
아프리카 백신 확보 태스크팀	African Vaccine Acquisiton Task Team, AVATT
아프리카 식량 주권 동맹	Alliance for Food Sovereignty in Africa, AFSA
아프리카 연합	African Union, AU
아프리카 전략연구소	Africa Center for Strategic Studies
아프리카 질병통제예방센터	Africa Centres for Disease Control and Prevention, Africa CDC
아프리카 협상 그룹	African Group of Negotiators
옥스팜	Oxfam
유니세프	United Nations Children's Fund, UNICEF
유엔 기후변화 학습 파트너십	UN Climate Change Learning Partnership, UN CC:Learn
유엔난민기구	United Nations Refugee Agency, UNHCR
유엔식량농업기구	Food and Agriculture Organization, FAO
유엔 아프리카 경제위원회	United Nations Economic Commission for Africa, UNECA
유엔에볼라긴급대응단	United Nations Mission for Ebola Emergency Response, UNMEER
유엔환경계획	UN Environment Programme, UNEP
재난역학연구센터	Center for Research on the Epidemiology of Disaster, CRED
케냐 기후변화 실무단	Kenya Climate Change Working Group, KCCWG
케냐 기후변화 컨소시엄	National Climate Change Consortium of Kenya
케냐 기후포럼	Kenya Climate Forum
케냐 산림 행동 네트워크	Forest Action Network
케냐 전국 농업 생산자 협회	Kenya National Federation of Agricultural Producers, KENFAP
테일러 위원회	Taylor Committee
파스퇴르 연구소	Pasteur Institute
페이나르 위원회	Pienaar Committee

후주

1장 우간다와 이주위기

1   콩고마니(Congomani)는 르완다에서 콩고 사람을 약간 비하적으로 부르는 표현이다. 르완다어의 모든 단어는 모음으로 끝나기 때문에 Congo Man에 i를 붙여 콩고마니가 되었다.

2   르완다 사람들은 콩고 사람들에게 '고기는 고기'(스와힐리어로는 'nyama ni nyama'라고 한다)이기 때문에 소나 돼지 외에도 개나 박쥐도 먹는다는 이야기를 자주 하곤 했다.

3   예멘이 속한 아라비아 반도는 서아시아 혹은 중동으로 분류된다. 이들 지역 구분에 대한 통일된 기준은 없지만 중동이란 표현은 유럽 중심적인 면(유럽 기준으로 가까운 동쪽(근동)과 먼 동쪽(극동) 사이에 있는 중동)이 다분하여 이 책에선 서아시아라는 용어를 쓰고자 노력했다. 하지만 참고한 통계 자료가 중동이란 표현을 쓰고 있을 때는 중동이라는 표현을 썼다.

4   이민자와 이주자에 대해 세계적으로 통용되는 정의는 없어 국제이주기구가 정리한 두 용어의 용례를 참고해 정리했다. 이 장에선 이민자(immigrant)와 이주자(migrant)라는 표현이 번갈아 등장하는데, 이민자는 출신 국가를 떠나 다른 나라에서 1년 이상 거주하는 사람을 의미하고, 이주자는 이민자를 포함해 평상시의 거주지를 떠나 국내외 다른 장소로 잠시 혹은 장기간 이동한 사람을 의미한다. IOM, "Key Migration Terms," https://www.iom.int/key-migration-terms

5   빈곤 포르노(Poverty Porn)는 모금과 동정을 이끌어 내기 위해 가난한 사람들의 부정적이고 힘든 면을 편향되게 드러내거나 과장하고, 가난한 사람들에 대한 사람들의 편견에 맞게 가난한 사람들의 이야기를 재구성하는 것을 의미한다. '빈곤 극대화 광고'라는 표현을 쓰기도 한다.

6   하지만 이들 중 실제 난민으로 인정된 사례는 매우 적다. 2010년과 2020년 사이 한국 정부에 난민 지위를 신청한 사람은 총 5만 218명이었고, 이들 중 1.3%인 655명만이 난민 지위를 인정받았다. 이는 G20국가 중 일본 다음으로 낮은 비율이다. "한국, 난민 지위 인정 최하위권?" 〈연합뉴스〉, 2021.8.26.

7   김지윤·강충구, "닫힌 대한민국 II: 한국인의 다문화 인식과 정책," 〈아산정책연구원 이슈브리프〉, 2018-26, 2018.

8   이 장에서는 아프리카인의 이동을 종합적으로 보기 위해 국제이주기구의 포괄적인 이주
     정의를 적용한다.

구분	용어	인원 수 (기준 연도)	정의 (IOM, *Glossary of Migration*, 2019)
자발적 이주자/ 강제 이주자	국제 이주자 (international migrant)	2억 7,200만명 (2020)	시민 혹은 국민으로 인정되는 국가 외에 거주하는 사람. 영구적 이동과 일시적 이동, 그리고 정식 이주와 비공식 이주를 모두 포괄함
자발적 이주자	이주노동자 (migrant worker)	1억 6,400만명 (2020)	자국 외의 국가에서 보수를 받는 활동을 하고자 하거나 해온 사람
강제 이주자	난민 (refugee)	2,600만명 (2019)	인종, 종교, 국적, 특정 사회집단 또는 정치적 의견으로 인한 박해를 받을 우려가 있다는 충분한 근거를 갖고 국적국 밖에 있는 사람. 국적국의 보호를 받을 수 없거나 공포로 인해 국적국의 보호를 받기를 원하지 않는 사람으로, 원래 살던 국가로 돌아갈 수 없거나 공포로 인하여 돌아가기를 원하지 않는 사람(1951 Convention Relating to the Satus of Refugee)
	국내실향민 (internally displaced person)	2,570만명 (2019)	강제 혹은 강요에 의해 집이나 원래 살던 지역에서 도망치거나 떠났지만 국경을 넘지는 않은 사람. 특히 무력분쟁, 일상화된 폭력 상황, 인권 침해, 자연재해, 인공적 재난 등을 피해 이동한 사람들이 여기에 포함됨
	비호신청자 (asylum seeker)	420만명 (2019)	국제적인 보호를 구하는 사람으로, 국가별 절차에 따라 난민지위 신청을 했지만 아직 신청국에서 최종 결정이 나지 않은 사람. 모든 비호신청자가 난민으로 인정받는 것은 아니지만, 모든 난민은 한때 비호신청자였음
	무국적자 (stateless Person)	390만명 (2020)	현행법상 어느 국적으로도 인정되지 않는 사람

9   UNHCR, "'난민'과 '이주민' – 자주 묻는 질문 (FAQ)," https://unhcr.or.kr/unhcr/program/board/detail.jsp?boardTypeID=8&searchSelect=&keyWord=&currentPage=1&menuID=&finishIsYN=&boardID=7687&boardCategory=%EA%B3%B5%EC%A7%80&mode=detail

10 Phillip Connor and Jeffrey S. Passel, "Europe's Unauthorized Immigrant Population Peaks in 2016, Then Levels Off," 〈Pew Research Center〉, 2019.

11 Lisa Schlein, "Intra-Continental Migration Can Be Economic Boon for Africa," 〈VOA〉, 2018.5.29.

12 강동관, "국내 이민자의 경제활동과 경제기여효과," 〈IOM이민정책연구원 정책보고서〉, 2016-05, 2016.

13 아비스트 배너지·에스테르 뒤플로 저, 김승진 역, 《힘든 시대를 위한 좋은 경제학》(서울: 생각의힘, 2020)에서는 이민이 현지인의 임금과 고용에는 별 영향을 미치지 않는다는 여러 사례와 연구 결과를 소개하고 있다.

14 Ibrahim, M. "The Story of Migration Is More Positive Than We've Been Led to Believe," 〈Time〉, 2019.4.4.

15 "Africa Is Not a Continent of Massive Exodus," 〈MO Ibrahim Foundation〉, 2019.6.12.

16 Josephine Appiah-Nyamekye Sanny and Camilla Rocca, "'Updata-ing' the narrative about African migration," MIF Joint Research Paper, 2019.

17 UNDA, "International Migrant Stock 2019," 2019, https://www.un.org/en/development/desa/population/migration/data/estimates2/estimates19.asp

18 아프리카 대중의 민주주의, 거버넌스, 경제, 사회 등에 관한 설문조사를 통해 아프리카 각국 여론에 대한 흥미로운 데이터와 연구 결과를 축적해 가고 있는 연구기관이다.

19 Josephine Appiah-Nyamekye Sanny and Camilla Rocca, "'Updata-ing' the Narrative about African Migration."

20 Williams, W. Shifting, *Borders: Africa's Displacement Crisis and Its Security Implications,* Washington, DC: Africa Center for Strategic Studies, 2019.

21 Boano, C., Zetter and R., Morris, T., *Environmentally Displaced People: Understanding the Linkage between Environmental Change, Livelihoods and Forced Migration,* Oxford: Refugee Studies Centre. University of Oxford, 2008.

22 Rigaud, K. et al., *Groundswell: Preparing for Internal Climate Migration,* Washington, DC: World Bank, 2018.

23 iDMC, *Global Report on Internal Displacement,* Geneva: iDMC, 2020

24 "Merkel: Refugee Crisis a 'Historical Test for Europe'," 〈Deutche Welle〉, 2015.10.15.

25 Alex Pfeiffer, "Obama: Uncontrolled Migration Into Europe Is 'Major National Security Issue'," 〈Daily Caller〉, 2016.4.22.

26 Casey Quackenbush, "The Libyan Slave Trade Has Shocked the World. Here's What You Should Know," 〈Time〉, 2017.12.1.

27 Makhtar Diop, "What can we learn from Africa's approach to forced displacement?" 〈World Bank〉, 2016.6.8.

28 "Opening remarks by H.E. Yoweri Kaguta Museveni President of the Republic of Uganda," 〈Uganda Solidarity Summit on Refugees〉, 2017.6.23.

29 Jackson, A., *The British Empire and the Second World War*, London: Hambledon Continuum: 2006, p. 202.

30 난민 캠프와 정착지는 많은 경우 같은 의미로 사용되며, 확실하게 구분된 정의를 가지고 있지 않다. 그럼에도 보통 난민 캠프는 상대적으로 더 폐쇄적이고, 일시적이며, 난민에게 생존을 위한 모든 서비스가 제공되는 상황에 더 자주 사용되고, 난민 정착지는 장기적이고, 난민이 스스로의 삶을 영위하는 범위가 더 넓은 상황에 많이 사용된다.

31 UNHCR, "Uganda-Refugee Statistics April 2019 - Nakivale," 〈Operational Data Portal〉, 2019.4.

32 Hovil, L., "Uganda's Refugee Policies: The History, the politics, the way forward," *Right in Exile Policy Paper*, 2018

33 Joy MILLER, "Uganda's IDP Policy," 〈Brookings〉, 2007.1.31.

34 Jeje Odongo, "Uganda's doors will remain open to refugees," 〈Al Jazeera〉, 2021.9.23.

35 2018년을 기준으로 남수단 78만 5,104명, DRC 28만 4,265명, 부룬디 33만 657명, 소말리아 22만 64명, 르완다 1만 4,131명 등에 달한다. UNHCR, "Comprehensive Refugee Response Framework: The Uganda Model," 〈Operational Data Portal〉, 2017.10.

36 그 이후로도 우간다 정부는 국제기구를 포함한 여러 지원 단체와 협력하며, 난민과 난민 수용 공동체 양쪽에 사회적 안전망과 자립의 기반을 제공하는 정책을 내놓았고, 2015년의 정착지 혁신 어젠다(Settlement Transformation Agenda)를 통해 난민 이슈를 국가 발전 계획으로 통합했다. 우간다 정부의 이러한 방침은 유엔과 세계은행의 난민과 수용 공동체의 고른 역량강화를 목표로 하는 ReHoPE(Refugee and Host Population Empowerment)와 우간다 정부의 강제이주 영향 대응 5개년 프로젝트(5 year Development Response to Displacement Impact Project, DRDIP)로 이어졌다.

37   우간다의 정책이 실제와는 차이가 크며 국제사회가 우간다 모델을 지나치게 이상적으로
     바라보는 경향이 있다는 비판이 있긴 하지만, 우간다의 난민 정책은 그동안 다른 여러 나
     라가 시도했던 것들과는 다르며 오랜 기간 유지되어 왔다. 성과와 한계를 모두 볼 수 있기
     때문에 살펴볼 만하다.

38   Naohiko Omata, "Uganda's Refugee Policy: Recent Trends and Challenges," 〈BPB〉,
     2020.4.16.

39   Schmidt, A. "FMO Thematic Guide: Camps Versus Settlements," https://www.alnap.
     org/help-library/fmo-thematic-guide-camps-versus-settlements

40   Patience Akumu, "Inside the world's largest refugee camp: 'We just want to go
     home'," 〈Guardian〉, 2018.5.19.

41   UNHCR, "Urban Refugees and Asylum-Seekers in Uganda," 〈Operational Data
     Portal〉, 2020.7.

42   루간다는 우간다 중부와 남부 지역에서 널리 쓰이는 언어다.

43   Alex Silberman, "Empowering Uganda's Forgotten Refugees," 〈SEEFAR〉, 2020.1.

44   UNHCR, *Global Trends: Forced Displacement in 2018*, Geneva: UNHCR, 2019.

45   Amy Fallon, "Q&A: Uganda's refugee minister seeks solidarity in first-of-its-kind
     summit."

46   2016년을 기점으로 국제사회는 장기 난민에 주목하며, 193개의 유엔 회원국이 난민과 이
     주민 문제를 공동으로 해결하기로 선언(2016년 뉴욕 선언)했다. 이 선언은 난민 수용국
     의 부담 완화와 난민 자립 강화, 제3국을 통한 문제해결 확대, 난민의 안전하고 존엄한 귀
     환을 위한 난민 발생국 지원을 주요 목적으로 하는 2018년의 난민 글로벌 콤팩트(Global
     Compact on Refugee)로 이어졌고, 그 구체적인 실행 방안으로 난민대응을 위한 '전사회
     적' 접근을 강조하는 포괄적 난민대응체제(CRRF)가 제시되었다. 유엔난민기구의 필리포
     그란디(Filippo Grandi) 대표는 다음과 같이 말했다.
        "너무 많은 난민들이 오랫동안 피난생활을 하고 있습니다. 인도주의적 지원과 단기 지
     원으로 생존하는 것은 지속 가능하지 않습니다. 난민들이 단순히 살아남는 것이 아니
     라 삶을 만들어 나가기 위해서는 그들을 받아들인 공동체에 참여하고 함께 발전시킬
     기회가 주어져야 합니다. (중략) 뉴욕 선언은 난민을 돕는 방식의 변화를 의미합니다.
     난민들이 합법적으로 일하고 그 나라 국민들과 함께 살도록하는 정책, 난민과 난민 수
     용 공동체가 함께 상생하는 정책을 추구합니다. 특히 수용 국가들에게 국가 발전 계획
     에 난민들을 포함할 것을 요청합니다. 또한 난민들이 더이상 캠프에 살지 않는 세상을,
     그들이 더 이상 사회로부터 격리되지 않고, 더 이상 인도적 지원에만 매달리지 않는 세
     상을 꿈꿉니다. 세계은행을 비롯한 여러 연구에서 이 정책이 좋은 정책임이 확인되었습

니다. 연구 결과는 난민이 수용 공동체에 적극적으로 참여하고 합법적으로 일할 수 있는 권리가 보장될 때 지역 경제가 성장한다는 것을 보여주고 있습니다." - 2016년 뉴욕 선언의 실천 촉구 연설(2017)

47 World Bank, *An Assessment of Uganda's Progressive Approach to Refugee Management*, Washington, DC: World Bank, 2016.

48 World Bank, *Informing the Refugee Policy Response in Uganda*, Washington, DC: World Bank, 2018.

49 Betts, A. et al., *Refugee Economies in Uganda: What Difference Does the Self-Reliance Model Make?*, Oxford: RSC, 2019.

50 Ibid.

51 World Bank, *Informing the Refugee Policy Response in Uganda*.

52 UNHCR, "Resilience and self-reliance from a protection and solutions perspective," EC/68/SC/CRP.4, 2017.

53 Andreas Muff Kristiensen et al., "Understanding Self-reliance in Contemporary Refugee Protection in Uganda," *Right in Exile Policy Paper*, 2021.

54 Ibid.

55 UNICEF, *Child Poverty and Deprivation in Refugee-Hosting Areas: Evidence from Uganda*, Kampala: UNICEF Uganda, 2018.

56 World Bank, *Informing the Refugee Policy Response in Uganda*.

57 The Republic of Uganda, "Uganda National Action Plan to Implement the Global Compact on Refugees and its Comprehensive Refugee Response Framework 2018-2020," 2019.12.

58 UNHCR, "UNHCR Uganda: 2020 Funding Update (as of 8 December 2020)," 〈reliefweb〉, 2020.12.10.

59 Amy Fallon, "Q&A: Uganda's refugee minister seeks solidarity in first-of-its-kind summit."

60 UNHCR, "UN Refugee Agency opposes UK plan to export asylum," 2022.4.14.

61 1960년대, 아프리카 각국이 식민지로부터 하나둘 독립하던 시절부터 아프리카의 국경 문제는 아프리카 대륙의 통합과 평화 차원에서 논의되어왔다. 당시 가나의 대통령 콰메 은크루마(Kwame Nkurumah)와 함께 '아프리카 연합국(United States of Africa)'을 꿈꿨던 범아프리카주의자인 탕가니카 대통령 줄리어스 녜레레(Julius K. Nyerere)는 식민지배 시절

의 국경선은 터무니없지만, 아프리카의 통합과 평화를 위해선 현재의 국경선을 유지하는 수 외에는 대안이 없다고 이야기한 바 있다. 아프리카의 여러 독립국 지도자들도 녜레레와 같은 생각을 공유하고 있었고, 1964년 이집트 카이로에서 개최된 아프리카 단결 기구정상 회담에서 '독립 당시의 국경을 존중'하기로 결정하며 공식화하였다.

62   Marcia C. Schenck, "Africa's forgotten refugee convention," 〈Africa Is a Country〉, 2020.11.3.

2장 케냐와 기후위기

1   Ministry of Foreign Affairs of the Netherland, *Climate Change Profile: Rwanda*, 2018.

2   NASA, "Scientific Consensus: Earth's Climate Is Warming," https://climate.nasa.gov/scientific-consensus/

3   Ibid.

4   UNDRR, *The Human Cost of Disasters: An review of the last 20 years 2000-2019*, 2020.

5   HELI, "Climate Change," https://www.who.int/heli/risks/climate/climatechange/en/

6   Sophie Zeldin-O'Neill, "It's a Crisis, not a Change: the Six Guardian Language Changes on Climate Matters," 〈Guardian〉, 2019.10.6.

7   Hannah Ritchie, "Who has contributed most to global CO2 emissions?" 〈Our World in Data〉, 2019.10.1.

8   저먼워치는 기후 보호를 위한 각국 정부의 실천을 평가하는 기후변화 실천지수(Climate Change Performance Index)와 각국이 기후와 관련된 사건으로 입은 피해를 종합한 세계 기후 위험 지수(Global Climate Risk Index) 보고서를 발간하는 비정부기구이다. David Eckstein, Vera Künzel and Laura Schäfer, *Global Climate Risk Index 2021: Who Suffers Most from Extreme Weather Events? Weather-Related Loss Events in 2019 and 2000-2019*. Bonn: Germanwatch, 2021.

9   "Secretary-General's remarks on Climate Change [as delivered]," 〈United Nations Secretary-General〉, 2018.9.10.

10 존 C. 머터 저, 장상미 역, 《재난 불평등: 왜 가난은 가난한 이들에게만 가혹할까》, 파주: 동녘. 42-43쪽.

11 Vanessa Nakate, "The Climate Crisis is Already Here: Why We Must Listen to Voices in the Global South," 〈Elders〉, 2020.5.1.

12 Dan Shepard, "Global Warming: Severe Consequences for Afirca" 〈Africa Renewal〉, 2018.12.-2019.3.

13 에티오피아의 고대지와 우간다의 빅토리아 호수에서 각각 출발해 여러 동아프리카 국가를 지난 뒤 이집트를 거쳐 지중해로 빠져나가는 나일강의 하류에 형성된 나일강 삼각주는 이집트 전체 국토의 약 2%에 불과하지만 인구의 절반 가량이 살고 있다. E. Underwood, "How Fast Is the Nile Delta Sinking?" 〈EOS〉, 2018.4.24.

14 Mohamed El Raey, "Impacts and Implications of Climate Change for the Coastal Zones of Egypt," in David Michel and Amit Pandya, eds., Coastal Zones and Climate Change, Washington DC: Stimson Center, 2010,

15 Ibid.

16 동아프리카와 남아프리카에서 최근 증가한 자연재해와 기후변화의 연결고리는 인도양 쌍극자 현상이다. 인도양 쌍극자 현상은 이 지역의 계절(우기와 건기)과 기후를 결정하는 중요한 요인으로, 인도양의 양 끝인 동아프리카와 동남아시아의 바다 수온이 마치 시소처럼 서로 반대로 올라갔다가 내려갔다 하는 현상이라고 할 수 있다. 쌍극자 현상이 심해지면 인도양 서부의 해수면 온도가 올라가고, 반대로 동부의 해수면 온도는 내려가 서부인 동아프리카 지역엔 강우량이 늘고, 서부인 호수 등지에는 가뭄과 폭염이 찾아온다. 많은 기후연구자와 활동가는 기후변화로 인해 인도양 쌍극자 현상이 심해져 갈수록 많은 자연재해가 발생하는 것이라고 주장하고 있다. 마침 1870년 이후 가장 높은 인도양 쌍극자 지수를 기록한 2019년에 아프리카엔 이례적 규모의 사이클론과 폭우가, 호주엔 가뭄과 대규모 산불이 발생했다는 것은 우연이 아닐 가능성이 높다.

17 아프리카의 뿔(Horn of Africa)은 아프리카 대륙 동쪽에 뿔처럼 튀어 나와 있는 지역을 지칭하는 표현으로 소말리아, 에티오피아, 지부티, 에리트레아 등이 해당한다.

18 Godfrey, S. and Tunhuma, F.A., The Climate Crisis: Climate Change Impacts, Trends and Vulnerabilities of Children in Sub Sahara Africa, Nairobi: United Nations Children's Fund Eastern and Southern Africa Regional Office, 2020.

19 "Devastating rains in Kenya, 2018," 〈World Weather Attribution〉, 2018.6.25.

20 Famine Early Warning Systems Network, "Heavy Rains and Flooding Reduce Crop Production Prospects," 〈Remote Monitoring Report〉, 2018.4.

21 Faiza Ghozali, "Lake Chad, a Living Example of the Devastation Climate Change is Wreaking on Africa," 〈African Development Bank Group〉, 2015.12.3.

22 Abhijit Mohanty, Kieran Robson, Samuel Ngueping and Swayam Sampurna Nanda, "Climate Change, Conflict: What is fuelling the Lake Chad crisis," 〈Down to Earth〉, 2021.2.23.

23 Louise Turner, "Meet Oladusu Adenike, aka the Ecofeminist," 〈Wen〉, 2020.8.26.

24 Aimée-Noël Mbiyozo and Ottilia Anna Maungandize, "Climate change and violence in Africa: no time to lose," 〈ISS〉, 2021.5.17.

25 Helen Briggs, "Climate change: Future-proofing coffee in a warming world," 〈BBC〉, 2021.4.19.

26 나카테 본인을 포함한 많은 사람들의 문제 제기로 이후 AP통신은 나카테도 포함된 사진으로 기사 사진을 교체했지만, 사진 구도상의 이유로 나카테를 편집했을 뿐 다른 의도는 없었다고 설명했다.

27 United Nations, *World Population Prospects 2019: Highlights*, ST/ESA/SER.A/423, 2019.

28 Lily Welborn, "Africa and Climate Change: Projecting Vulnerability and Adaptive capacity," *ISS Africa Report* 14, 2018.

29 "Climate Change History," 〈HISTORY〉, updated 2020.11.20., https://www.history.com/topics/natural-disasters-and-environment/history-of-climate-change

30 P.V. Desanker, "The Kyoto Protocol and the CDM in Africa: a good idea but…," *Unasylva*, No. 222, 2005.

31 UNFCC, "CDM Insights-intelligence about the CDM at the end of each month," https://cdm.unfccc.int/Statistics/Public/CDMinsights/index.html

32 Raúl Iván Alfaro-Pelico, "Africa and Climate Change: Impacts, Policies and Stance Ahead of Cancún (ARI)," 〈Real Instituto Elcano〉, 2010.12.15.

33 홀로코스트와 관련된 비유이다.

34 Alan Fisher, "Little accord in Copenhagen," 〈Aljazeera〉, 2009.12.19.

35 브라질(Brazil), 남아공(South Africa), 인도(India), 중국(China)의 영어 앞글자를 따서 조합한 이름이다.

36 Chin-Yee, S. "Briefing: Africa and Paris Climate Change Agreement," *African Affairs*, Vol. 115, No. 459, 2015.

37 환경부, 《교토의정서 이후 신 기후체제: 파리협정 길라잡이》, 세종: 환경부, 2016.

38 보통 LDCs(Least Develpoed Countries Group)라는 약자로 불리는 최저개발국은 유엔이 정한 기분에 따라 분류되며, 그 기준은 다음과 같다. ①소득(Gross National Income per capita), ②인적자원(5세 미만 영아 사망률, 중등학교 등록률, 성인문해율, 중등학교 등록 성비 등), ③경제와 환경 취약성(GDP에서의 농/임/어업 비율, 재화의 수출 불안정성, 해안 저지대 거주 인구 비율, 재난 사망자 수 등).

39 Shindell. D. Greg Faluvegi, Karl Seltzer and Cary Shindell, "Quantified, Localized Health Benefits of Accelerated Carbon Dioxide Emissions Reductions," *Nature Climate Change*, Vol. 8, 2018.

40 Vanessa Nakate, ""A Rise of 1.2 Degrees Celsius is Already Hell for Me": Ugandan Climate Activist Vanessa Nakate Says We Need to Act Now," 〈VOGUE〉, 2021.1.6.

41 생텍쥐페리의 소설 《성채》에 등장하는 구절이다.

42 Climate Action Tracker, "The CAT Thermometer," https://climateactiontracker.org/global/cat-thermometer/ (최종 접속일: 2022.5.4.)

43 Climate Action Tracker, "Climate Action Tracker", https://climateactiontracker.org/countries/ (최종 접속일: 2022.5.4.)

44 The Federal Government of Nigeria, "Nigeria's Intended Nationally Determined Contribution," 2017.5.16

45 Climate Action Tracker, "Fair Share", https://climateactiontracker.org/methodology/cat-rating-methodology/ fair-share/ (최종 접속일: 2022.5.4.)

46 Climate Action Tracker, "South Korea", https://climateactiontracker.org/countries/south-korea/ (최종 접속일: 2022.5.3.)

47 Carty, Tracy, Jan Kowalzig and Bertram Zagema, *Climate Finance Shadow Report 2020: Assessing progress towards the $100 billion commitment*, Oxford: Oxfam, 2020.

48 "Kenya Urges Africa to Adopt Common Stance on Climate Change," 〈CGTN〉, 2021.3.10.

49 World Bank Group, *Climate Risk Profile: Kenya*, Washington, DC.: World Bank Group, 2020.

50 Sophie Mbugua, "Locusts Plague Destroys Livelihoods in Kenya but 'Biggest Threat Yet to Come'," 〈Climate Home News〉, 2020.2.14.

51 Joost Bastmeijer, "How Kenya is controlling locust plagues," 〈EL PAÍS〉, 2021.4.17.

52 Green Belt Movement, "Tree Planting and Water Harvesting," http://www.greenbe ltmovement.org/what-we-do/tree-planting-for-watersheds

53 Rhett A. Butler, "Rainforest Information," 〈MONGBAY〉, 2020.8.14.

54 Green Belt Movement, "Tree Planting and Water Harvesting."

55 Wangari Maathai, "Wangari Maathai - Nobel Lecture," https://www.nobelprize.org/ prizes/peace/2004/maathai/26050-wangari-maathai-nobel-lecture-2004/

56 Ibid.

57 정치인들이 국유지를 불법적으로 나누어 준 문제에 대해선 2004년 국유지 불법 할당에 대한 조사위원회 보고서 "The Ndungu Report: Land & Graft in Kenya" (위원장 Paul Ndiritu Ndungu의 이름을 따 Ndungu 보고서라고 불리곤 한다)에 자세히 나와 있다.

58 Green Belt Movement, "Our History," https://www.greenbeltmovement.org/who-we-are/our-history

59 KCCWG, *Climate Change Legislation in Kenya 2008-2016*, Nairobi: KCCWG, 2017.

60 Government of Kenya, *Kenya Climate Change Learning Strategy*, Nairobi: Ministry of Environment and Forestry, 2021.

61 "'경제성장'이 아닌 '기후정의'를 위한 법이 필요하다," 〈참여연대〉, 2021.2.25.

62 Katharine Houreld, John Ndiso, "Kenya Imposes World's Toughest Law Against Plastic Bags," 〈Reuters〉, 2017.8.28.

63 N. C. Lange, et al. "The prevalence of plastic bag waste in the rumen of slaughtered livestock at three abattoirs in Nairobi Metropolis, Kenya and implications on livestock health," *Livestock Research for Rural Development*, Vol. 30, No. 11, 2018

64 "2 years on: Say no to plastic bags," 〈NEMA〉, http://www.nema.go.ke/index. php?option=com_content&view=article&id=296&catid=2&Itemid=451

65 Hiroko Tabuchi, Michael Corkery and Carlos Mureithi, "Big Oil Is in Trouble. Its Plan: Flood Africa With Plastic," 〈New York Times〉, 2020.8.30.

66 David Whitehouse, "Kenya is not a dumping ground for US plastic," 〈Africa Report〉, 2020.11.19.

67 Ibid.

68   Boysen, L. et al., "The limits to global-warming mitigation by terrestrial carbon removal," *Earth's Future*, Vol. 5, Issue. 5, 2017.

69   Diana K. Davis, "Of Deserts and Decolonization: Dispelling Myths About Drylands," 〈MIT Press Reader〉, 2020.8.24.

70   WRSC, *Agricultural Sector Transformation and Growth Strategy - 2019-2020*, Nairobi: WRSC, 2021.

71   "Addis Ababa Declaration On Agroecology, Ecological Organic Agriculture And Food Sovereignty: The Way Forward For Nutrition And Health In Africa," 〈AFSA〉, 2017.3.6.

72   Million Belay, "Africa is not a monoculture, we reject the plan to make it one," 〈Al Jazeera〉, 2021.9.22.

73   제임스 C. 스콧 저, 전상인 역, 《국가처럼 보기: 왜 국가는 계획에 실패하는가》, 서울: 에코리브르, 489-490쪽.

74   Annemarie Roodbol, "AFDB: 'Apply Climate Change Lessons to COVID-19 Pandemic,'" 〈ESI Africa〉, 2020.5.15.

75   호프 자런 저, 김은령 역, 《나는 풍요로워졌고 지구는 달라졌다》, 파주: 김영사. 193쪽.

3장 남아프리카공화국과 일자리위기

1   정규직과 비정규직, 공식 취업과 비공식 취업 등, 비슷한 듯 다른 개념을 이해하기 위해 국제노동기구가 정의하는 표준 고용(standard employment)과 비표준 고용(non-standard employment)을 먼저 살펴볼 필요가 있다. 비표준 고용은 ①기간제 고용(temporary employment), ②시간제 고용(part-time work), ③파견 및 기타 다자간 고용(temporary agency work and other forms of employment involving multiple parties) ④위장 고용 관계 및 종속적 자영업(disguised employment relationships and dependent self-employment)에 해당하는 고용을 포함한다. ILO, *Non-Standard Employment Around the World*, Geneva: ILO, 2016.

2   OECD/ILO, *Tackling Vulnerability in the Informal Economy*, Paris: OECD Publishing, 2019.

3   1993년 제15회 국제 노동 통계인 회의(15th International Conference of Labour Statisticians, 15th ICLS)

4   하지만 이러한 정의는 공식 부문 내에서 일용직 노동이나 파견 노동 등의 형태로 보호받지 못하는 일자리를 포함하지 못하는 한계를 드러냈고, 2003년에 국제노동기구는 다시 '비공식 취업'에 대한 통계 가이드라인을 채택했다. 공식 부문에 속해 임금을 받지만 법률이나 관행에 의해 노동법 적용, 소득세 납부, 사회 보장 제도 가입, 해고 전 사전고지, 퇴직금, 유급 휴가 및 병가등의 혜택을 받지 못하는 노동자도 비공식 취업으로 포괄하였다. ILO, "Guidelines Concerning a Statistical Definition of Informal Employment," 17th ICLS, 2003.

5   ILO, *Women and Men in the Informal Economy: a Statistical Picture (third edition)*. Geneva: International Labour Office, 2018.

6   Ibid.

7   이병희 외, 《비공식 취업 연구》, 서울: 한국노동연구원, 2012.

8   "가사근로자의 고용개선 등에 관한 법률," 2021.6.15. 제정 및 2022.6.16. 시행.

9   한국은행, "글로벌 긱 경제(Gig Economy) 현황 및 시사점," 〈국제경제리뷰〉, 2019.1.24.

10   Stevano, S. "'Gig Economies' in Africa: Continuity or Change?" 〈Future of Work〉, 2020.4.1.

11   biscate.co.mz

12   Ng'weno, A. and Porteous, D., "Let's Be Real: The Informal Sector and the Gig Economy are the Future, and the Present, of Work in Africa," 〈CGD Note〉, 2018.10.15.

13   Aili Mari Tripp, *Changing the Rules: The Politics of Liberalization and Urban Informal Economy in Tanzania*, Berkeley: University of California Press.

14   통계청, "2021년 10월 고용동향," 2021.11.10; 통계청의 정의에 따르면 무급 가족 종사자는 자영업자의 가족이나 친인척(같은 가구 내로 한정하지 않음)으로서 임금을 받지 않고 해당 사업체 정규 근로시간의 3분의 1 이상을 종사하는 사람을 말한다.

15   ILO, *World Employment and Social Outlook: Trends 2020*, Geneva: ILO, 2020.

16   통계청, "2020년 12월 및 연간 고용동향," 2021.1.13.

17 World Bank Data, "Unemployment, total," https://data.worldbank.org/indicator/
    SL.UEM.TOTL.ZS

18 "Jobs Don't Create Equality, Thuli Madonsela Tells Social Justice," 〈news24〉,
    2021.10.11.

19 인도에서 유래된 음식으로, 보통은 익지 않은 초록 망고를 고추와 강황 등 갖은 향신료에
    절여 만든 뒤 반찬처럼 먹는다.

20 "'사업자 등록' 기준도 삭제…중기부, 노점상에 200억 원 준다," 〈부산일보〉, 2021.08.26.

21 필리프 판 파레이스, 야니크 판데르보흐트 저, 홍기빈 역, 《21세기 기본소득》, 서울: 흐름출
    판, 2018, pp. 28-30.

22 아비지트 배너지, 에스테르 뒤플로 저, 김승진 역, 《힘든 시대를 위한 좋은 경제학》, 서울:
    생각의힘, 2020, pp. 497-498.

23 김유진, "퍼거슨 스탠퍼드대 교수, '한국의 기본소득 시도 흥미로운 사례'," 〈경향신문〉,
    2017.10.19.

24 정치인들은 오늘도 경제 성장이 사람들에게 일자리를 제공해 줄 것이라고 주장하고, 대중
    도 그것이 가능할 것이라고 믿는다. 이 믿음에 근거가 없는 것은 아니다, 다만 그 근거가
    오래되었을 뿐이다. 경제가 성장하면 실업률이 줄어든다는 일종의 '공식'은 오랜 시간 학
    계에서도 어느 정도 사실로 받아들여져 왔다. 미국의 경제학자 아서 오쿤(Arthur Melvin
    Okun)은 1960년대, 미국의 경제 데이터를 연구하여, 경제 성장과 실업률의 관계를 규명
    한 '오쿤의 법칙'을 발표했다. 이 법칙은 많은 경제학자들과 정책 입안자들이 경제 성장과
    실업률을 설명하는 데 활용되었다. 경제 성장을 위해서는 국가의 생산량이 증가해야 하고
    여기에는 노동력이 투입되어야 하기 때문에, 잠재적인 GDP성장률 이상을 달성하면 추가
    적인 노동력이 투입되면서 실업률의 감소로 이어진다는 것이다. 하지만 최근 들어서, 그
    리고 특히 미국과 유럽 외의 지역에서 더 이상 현실을 반영하지 못하고 있다는 연구 결과
    가 조금씩 나오고 있다. 데이터를 봐도, 1991년부터 2019년 사이, 사하라 이남 아프리카의
    GDP성장률은 90년대 초반 잠시 마이너스를 기록하긴 했지만, 평균 3.7% 이상을 기록했
    다. 하지만 실업률은 1991년 6.28%에서 2019년 6.18%로 0.1%남짓 감소하는 데 그쳤다.
    물론 경제 성장과 실업률의 관계를 이렇게 간단한 수치로 검증할 수는 없으며, 오쿤의 법
    칙에서 제시한 경향성이 적용되는 사례도 여전히 많을 것이다. 하지만 중요한 것은 기술의
    발달과 더욱 고도화된 세계화로 노동과 경제구조가 더욱 복잡해지면서 실업은 더 이상 경
    제 성장이라는 단일 변수로 인해 결정되지 않는다는 점이다.

25 World Bank Data, "Unemployment, total," SL.UEM.TOTL.ZS, https://data.worldbank.
    org/indicator/

26 "South Africa's labour market trends from 2009 to 2019: a lost decade?"〈The Conversation〉, 2021.9.15.

27 Department of Social Development, *Transforming the Present-Protecting the Future: Report of the Committee of Inquiry into a Comprehensive System of Social Security for South Africa*, Cape Town: EPRI, 2002.

28 "Idea of Jobs for All Blinds Us to Need for Welfare," 〈Business Day〉, 2013.7.26.

29 Department of Statistics, *General Household Survey*, Pretoria: STATS SA, 2019.

30 Ibid.

31 UNDP, "Social Assistance in Africa Data Platform," https://social-assistance.africa. undp.org/data

32 노령연금 제도에서 말하는 '일정 수준'은 독신의 경우 7만 8,120란드고, 부부의 경우 15만 6,240란드다.

33 장애 보조금 제도에서 말하는 '일정 수준'은 노령연금과 같이 독신의 경우 7만 8,120란드고, 부부의 경우 15만 6,240란드다.

34 아동 지원 보조금에서 말하는 '일정 수준'은 독신 기준 4만 8,000란드고, 부부 기준 9만 6,000란드다.

35 한국의 기초연금은 빈곤 및 연금 사각지대에 놓인 노인들의 어려움을 보완하기 위해 2014년에 도입됐다. 국민연금이 1988년에 도입됐기 때문에 노인들의 경우 납부 실적이 많지 않고 받을 수 있는 혜택도 적었다. 이는 '선 기여 후 혜택' 성격이 강한 기존의 사회보험정책의 한계를 보편적 보조금 지급을 통해 보완한 것이다.

36 남아공의 주요 인종 집단은 크게 흑인, 백인, 칼라드, 인도인/아시아인으로 구성된다. 김광수 외, 《남아프리카공화국 들여다보기》, 서울: 한국외국어대학교 출판부, 2010.

37 Seekings, J. "'Not a Single White Person Should Be Allowed to Go Under': Swartgevaar and the Origin of South Africa's Welfare State, 1924-1929," *Journal of African History*, Vol. 48, 2007, 375-394.

38 Ibid.; 김광수 외, 《남아프리카공화국 들여다보기》.

39 Seekings, J. "'Not a Single White Person Should Be Allowed to Go Under': Swartgevaar and the Origin of South Africa's Welfare State, 1924-1929."

40 Ibid.

41 Ibid.

42 제임스 퍼거슨 저, 조문영 역, 《분배정치의 시대: 기본소득과 현금지급이라는 혁명적 실험》, 서울: 여문책, 2017.

43 Seekings, J. "'Not a Single White Person Should Be Allowed to Go Under': Swartgevaar and the Origin of South Africa's Welfare State, 1924-1929."

44 Ibid.; 제임스 퍼거슨 저, 조문영 역, 《분배정치의 시대: 기본소득과 현금지급이라는 혁명적 실험》; Leubolt, B. *Social Policies and Redistribution in South Africa*, Genava: ILO, Global Labour University, Working Paper No. 25, 2014.

45 Ibid., p. 4.

46 Seekings, J. "'Not a Single White Person Should Be Allowed to Go Under': Swartgevaar and the Origin of South Africa's Welfare State, 1924-1929."

47 제임스 퍼거슨 저, 조문영 역, 《분배정치의 시대: 기본소득과 현금지급이라는 혁명적 실험》.

48 '반투'는 줄루어로 '사람들'을 뜻하는 'Abantu'에서 온 단어이자 남아프리카 지역에서 비슷한 언어를 사용하는 민족들을 합쳐 부르는 용어인데, 아파르트헤이트 정권은 '반투'를 '선주민(naitive)' 혹은 흑인을 부르는 용어 대신 활용했다.

49 Brown, M. and Neku, R. "A Historical Review of the South African Social Welfare System and Social Work Practitioners' Views on its Current Status," *International Social Work*, Vol. 48, No. 3, 2005.

50 1961년 헌법 개정을 통해 남아연방은 영연방을 탈퇴하고 공화국이 되었다. 이때부터 남아프리카공화국이라는 국가명이 쓰이기 시작한다.

51 Parliament of South Africa, *White Paper on Reconstruction and Development*, Cape Town: Parliament of South Africa, 1994.

52 Brown, M. and Neku, R., "A Historical Review of the South African Social Welfare System and Social Work Practitioners' Views on its Current Status."

53 Isabel Ortiz, Valérie Schmitt and Loveleen De, *Social Protection Floors. Volume 1. Universal Schemes*, Genava: ILO, Social Protection Department, 2016.

54 2019년 피터마리츠버그(Pietermaritzburg)의 한 여성 연금생활자 포럼은 시릴 라마포사 대통령과 티토 음보웨니 재무부 장관에게 공개 서한을 보내 연금액의 증액과 연말 보너스 지급을 요구하며 노령임금의 재분배 효과와 증액의 당위성을 역설했다.
    "(전략) 우리는 노령연금에 의존해 가족을 챙겨야 하는 지금의 상황에 대한 걱정이 많습니다. 우리 생각엔 여러분들도 함께 걱정해야 한다고 생각하고, 정부가 우리를 위해 무언가를 할 필요가 있다고 생각합니다. 350여만 명의 연금 생활자들이 있는데, 이들 대부분은 실업상태의 성인 가족 구성원과 살고 있습니다. 연금은 성인 자녀와 손자손녀를 이들을 입히고, 먹이고, 교육하는 데 쓰입니다. (중략) 대통령님, 대통령님은 우리 아이들의 학교용 신발이 얼마인지 아십니까? 신발이 없어질 수 있다는 것을 아십니까? 길에서 신발이 닳을 수 있다는 것을 아십니까? 아이들의 발이 얼마나 빨리 자라며, 1년도 안되어 새 신발을 사야 한다는 것을 아십니까?

자라나는 아이들이 얼마나 먹는지 아십니까? 얼마나 배고픈지는요? 얼마나 우는지는요? (1월 입학에 맞추어) 기본교육에 필요한 비용을 치른다는 것은 1월의 나머지 3주동안은 먹을 것이 거의 없어진다는 것을 의미합니다. (중략) 우리가 일하던 시절에는 최저 수준의 임금을 받았습니다. 최악의 인종 차별과 착취를 겪으며 고통받고, 최악의 일들을 해왔습니다. 새로운 민주주의가 노동 조건과 임금을 서서히 늘려 나갈 때에도, 우리는 그 혜택을 크게 누릴 수 없는 취약한 직업을 가지고 있었습니다. 우리는 은퇴 자금을 저축할 만큼 충분한 돈을 벌지 못했습니다. 대통령님, 우리는 평생을 이 남아공에 살고 기여해왔는데, 지금 우리는 끔찍한 빈곤에 처해있습니다. (중략) 노령임금을 국가 재정에 부담을 주는 것이 아닌 사회적, 경제적 투자로 봐주세요. 돈이 우리 모두를 위해 활용될 수 있도록 해주세요. (후략)" - Thina Ogogo, 〈Pietermaritzburg Pensioners Forum〉

55 Isabel Ortiz, Valérie Schmitt and Loveleen De, *Social Protection Floors. Volume 2. Innovations to Extend Coverage*, Geneva: ILO, Social Protection Department, 2016.

56 제임스 퍼거슨 저, 조문영 역, 《분배정치의 시대: 기본소득과 현금지급이라는 혁명적 실험》.

57 경찰의 보증서류나 사회복지사의 보고서, 생물학적 부모가 작성한 보증서, 학교장의 추천서 등을 제출하는 방식으로 증명할 수 있다고 한다.

58 Gabrielle Kelly and GroundUp Staff, "Everything you need to know about social grants," 〈Ground Up〉, 2017.4.7.

59 Hall, K. and Sambu, W., "Income poverty, unemployment and social grants," in Jamieson L, Berry L abd Lake L (eds), *Child Gauge 2017: Survive, Thrive, Transform. Children's Institute*, University of Cape Town, 2017.

60 Patel, L., Knijn, T. and Van Wel, F., "Child Support Grant in South Africa: A Pathway to Women's Empowerment and Child Well-being?" *Journal of Social Policy*, Vol. 44, No. 2, 2015.

61 Cluver, L., Boyes, M., Orkin, M., Pantelic, M., Molwena, T. and Sherr, L., "Child-focused State Cash Transfers and Adolescent Risk of HIV Infection in South Africa: a Propensity-score-matched Case-control Study," *Lancet Global Health*, Vol. 1, Issue. 6, 2013.

62 필리프 판 파레이스·야니크 판데르보흐트 저, 홍기빈 역, 《21세기 기본소득》. p. 24.

63 BIG Financing Reference Group, "Breaking the Poverty Trap: Financing a Basic Income Grant in South Africa," 2004.

64 Sulla,V., Zikhali, P. and Cuevas,P., *Inequality in Southern Africa : An Assessment of the Southern African Customs Union*, Washington, D.C.: World Bank Group, 2022.

65 브릭스(BRICS)는 신흥공업국가의 대표 국가라 할 수 있는 브라질(Brazil), 러시아(Russia), 인도(India), 중국(China), 남아프리카공화국(South Africa)의 첫 번째 알파벳을 따서 만든 신조어이다.

66 Bassier, I. and Woolard, I., "The top 1% of incomes are increasing rapidly even with low economic growth," 〈Econ 3x3〉. 2018.

67 UNDP, "Homicide rate (per 100,000 people)," 2019, http://hdr.undp.org/en/indicators/61006#

68 현장은 한쪽 어깨에서 반대쪽 허리로 걸쳐 매는 띠를 뜻한다. 검은 현장(Black Sash)은 불평등과 부정의에 맞서기 위해 결성된 조직으로, 처음 결성될 당시 여성 활동가들이 정치인들이 방문하는 공공장소를 따라다니며 검은 현장을 매고 헌법의 죽음을 애도하며 서 있는 방식의 시위를 한 데서 이름을 따왔다.

69 Seekings, J., "Basic Income Activism in South Africa 1997-2019," in Caputo, R. and Liu, L. (eds.), *Political Activism and Basic Income Guarantee*, Switzeland, Palgrave Macmillan, 2020, pp. 253-272.

70 Ibid., p. 258.

71 BIG Financing Reference Group, "Breaking the Poverty Trap: Financing a Basic Income Grant in South Africa," p. 37.

72 예를 들어 누군가 410란드의 아동지원보조금을 받는 상황에서 100란드의 기본소득이 도입된다면, 이 사람은 100란드의 기본 소득을 받고, 310란드의 아동지원보조금을 받게 된다.

73 BIG Financing Reference Group, "Breaking the Poverty Trap: Financing a Basic Income Grant in South Africa," pp. 42-45.

74 남아공의 2020/21년 세수는 1조 3,627억란드였다. National Treasury, *RSABUDGET 2021 Highlights*, Pretoria: Department of National Treasury, 2021.

75 BIG Financing Reference Group, "Breaking the Poverty Trap: Financing a Basic Income Grant in South Africa," pp. 42-45.

76   OECD, *Revenue Statistics 2021 - Korea / Revenue Statistics in Africa 2021 - South Africa*, Centre for Tax Policy and Administration, 2021.

77   Ibid., p. 259.

78   Mfuneko Toyana, "South Africa will not have universal basic income grant this year, minister says," 〈REUTERS〉, 2020.8.1.

79   Khaya Koko, "Ramaphosa hails IEC lifeline, trumpets basic income grant," 〈Mail&Guardian〉, 2021.9.6.

80   "South Africa's basic income versus jobs debate: a false dilemma," 〈The Conversation〉, 2021.8.12.

81   Antony Sguazzin, "South African Business Says Nation Can't Afford Universal Grant," 〈Bloomberg〉, 2021.9.28.

82   제임스 퍼거슨 저, 조문영 역, 《분배정치의 시대: 기본소득과 현금지급이라는 혁명적 실험》; Devereux, S., "Social Pension in Namibia and South Africa," 〈IDS Discussion Paper 379〉, 2001.

83   http://www.bignam.org/BIG_pilot.html

84   Rigmar Osterkamp, "Lessons from failure," 〈D+C〉, 2013.3.5.

85   Haarmann, C., Haarmann, D., and Jauch, H., *Basic Income Grant: Otjivero, Namibia - 10 year later*, Economic and Social Justice Trust, 2019.

86   줄루어로 '당신이 있기에 나도 있습니다'를 의미한다.

87   제임스 퍼거슨 저, 조문영 역, 《분배정치의 시대: 기본소득과 현금지급이라는 혁명적 실험》, pp. 236-239.

88   야스토미 아유무 저, 박동섭 역, 《단단한 삶》. 파주: 유유, 2018 (전자책)에서 재인용.

89   https://www.daido-life-fd.or.jp/business/presentation/specialaward/13_nakamura.html

1   Frank M. Snowden, "Emerging and Reemerging Diseases: a historical perspective," *Immunological Reviews*, Vol. 225, 2008.

2   건강 및 감염병의 패턴과 인구, 사회, 경제와 같은 원인 혹은 결과의 양상이 어떻게 상호작용하는지를 분석하는 이론이다.

3   Omran AR., "The Epidemiologic Transition: A Theory of the Epidemiology of Population Change," *The Milbank Quarterly*, Vol. 83, No. 4, 2005.

4   Katherine F. Smith et al., "Global rise in human infectious disease outbreaks," *Journal of Royal Soc Interface*, Vol. 11, 2014.

5   Rob Jordan, "Stanford researchers explore the effects of climate change on disease," 〈Stanford News〉, 2019.3.15.

6   Jonathan Watts, "'Promiscuous treatment of nature' will lead to more pandemics - scientists," 〈Guardian〉, 2020.5.7.

7   World Economic Forum, *Outbreak Readiness and Business Impact: Protecting Lives and Livelihoods Across the Global Economy*, Geneva: World Economic Forum, 2019.

8   Marani, M. et al., "Intensity and frequency of extreme novel epidemics," *PNAS*, Vol. 118, No. 35, 2021.

9   이수경, "10년간 4조 들여 7천만 '살처분', 이대로 좋은가," 〈한겨레〉, 2020.1.16.

10 박준하, "[2022 신년기획 인터뷰] 최재천 이화여대 석좌교수," 〈농민신문〉, 2022.1.1.

11 "한국 역사를 뒤흔들었던 '무서운' 전염병들," 〈조선일보〉, 2016.8.26.

12 "Epidemic, Endemic, Pandemic: What are the Differences?" https://www.publichealth. columbia.edu/public-health-now/news/epidemic-endemic-pandemic-what-are-differences

13 Owen Jarus, "20 of the worst epidemics and pandemics in history," 〈Live Science〉, 2021.11.16.

14 Okumu, F., "The Fabric of Life: What if mosquito nets were durable and widely available but insecticide-free?" *Malaria Journal*, Vol. 19, 2020.

15 WHO, *World Malaria Report 2021*, Geneva: World Health Organization, 2021.

16   Sonia Shah, "3 reasons we still haven't gotten rid of malaria," 〈TED〉, 2013.6.

17   Hong, S., "The Burden of Early Exposure to Malaria in the United States, 1850-1860: Malnutrition and Immune Disorders," *J Econ Hist*, Vol. 67, No. 4, 2007.

18   United Nations Economic Commission for Africa, *COVID-19 in Africa: protecting lives and economies*, Addis Ababa: UN, 2020.

19   Africa CDC, "Africa CDC COVID-19 Dashboard" https://africacdc.org/covid-19/ (최종 접속일: 2022.6.3.)

20   Addis Getachew, Felix Tih, "Ebola lessons secure Africa from COVID-19," 〈Anadolu Agency〉, 2020.8.14.

21   Ruth Maclean, "A Continent Where the Dead Are Not Counted," 〈The New York Times〉, 2021.2.1.

22   "Africa does not need saving during this pandemic," 〈Al Jazeera〉, 2020.4.13.

23   르완다를 포함한 많은 아프리카 국가에서는 스마트폰이 아닌 일반 휴대전화로도 돈을 주고 받을 수 있는 모바일 머니가 활성화되어 있다. 르완다의 경우 MTN MoMo가 대표적이다.

24   "Somali Doctors Arrive In Italy To Fight Virus," 〈ADF〉, 2020.4.3.

25   Singh, R. et al., "Ebola virus - epidemiology, diagnosis, and control: threat to humans, lessons learnt, and preparedness plans - an update on its 40 year's journey," *Vet Q*, Vol. 37, No. 1, 2017.

26   "Ebola in west Africa," *The Lancet Infectious Diseases*, Vol. 14, No. 9, 2014.9.

27   2014-2016년 서아프리카 에볼라 대유행 이전, 서아프리카 지역 확진자는 1994년 코트디부아르 확진자 1명뿐이었다. 이 확진자는 스위스에서 온 영장류 동물학자로, 침팬지를 부검한 뒤 감염되었다.

28   Bernice Dahn, Vera Mussah and Cameron Nutt, "Yes, We Were Warned About Ebola," 〈New York Times〉, 2015.4.7.; J. Knobloch, E. J. Albiez and H. Schmitz, "A serological survey on viral haemorrhagic fevers in Liberia. Annales de l'Institut Pasteur," *Virologie*, Vol. 133, Issue. 2, 1982.

29   Club du Sahel, Preparing for the Future - A Vision of West Africa in the Year 2020, Paris: OECD, 1999.

30   Bousso Abdoulaye et al. "Experience on the management of the first imported Ebola virus disease case in Senegal," *The Pan African Medical Journal*, Vol. 22, 2015.

31   Todd C. Frankel, "It was already the worst Ebola outbreak in history. Now it's moving into Africa's cities," 〈Washington Post〉, 2014.8.30.

32   Agencies in Canberra, "Australian health minister defends Ebola ban," 〈China Daily〉, 2014.11.7.

33   영국과 미국인들은 자신들이 먹는 야생 동물 고기는 '게임(Game)'이라 부르고, 아프리카의 야생 동물 고기는 '숲 고기'라 부른다.

34   Prescott, J. et al., "Postmortem Stability of Ebola Virus," *Emerging Infectious Diseases*, Vol. 1, No. 5, 2015.

35   Paul Richards, *Ebloa: How A People's Science Helped End an Epidemic*, London: Zed Books, 2017.

36   Amy Maxmen, "How the Fight Against Ebola Tested a Culture's Traditions," 〈National Geographic〉, 2015.1.30.

37   "코로나 사망자도 장례식 가능… '임종 직후→화장' 안 해도 된다," 〈한겨레〉, 2022.1.21.

38   Amy Maxmen, "How the Fight Against Ebola Tested a Culture's Traditions."

39   Amanda Tiffany et al. "Estimating the number of secondary Ebola cases resulting from an unsafe burial and risk factors for transmission during the West Africa Ebola epidemic," *PLoS Neglected Tropical Diseases*, Vol. 11, No. 6, 2017.

40   Amy Maxmen, "How the Fight Against Ebola Tested a Culture's Traditions."

41   유엔 안보리는 서아프리카 에볼라 대유행에 군사적으로 대응했고, 중국, 영국, 미국 등 다국적으로 구성된 5,000여 명의 군인이 파병되었다.

42   라이베리아는 2003년에서야 14년 동안의 내전이 끝나고, 선거를 통해 엘런 존슨 설리프 대통령이 취임했지만, 크고 작은 분열은 계속되고 있었다. 시에라리온도 2002년 내전이 종식되었지만, 정치적 불안정과 경기불황이 지속되고 있었다. 기니는 이 세 나라 중 가장 취약한 상태였다. 연평균 GDP 성장률은 3% 미만이었고, 내전을 겪지는 않았지만 국경 지역은 이웃 라이베리아와 시에라리온 내전의 영향을 받고 있었다. 에볼라 대유행 직전, 2010년 대선에서 알파 콘데(Alpha Conde)가 당선되었지만, 선거 전후로 민족 간 갈등이 깊어지고 루머가 돌고 크고 작은 충돌이 일어나고 있었다. International Crisis Group, *The Politics Behind the Ebola Crisis*, Brussels: International Crisis Group, 2015.

43   Allgaier, J. and Svalastog, A., "The Communication Aspects of the Ebola Virus Disease Outbreak in Western Africa - do we need to counter one, two, or many epidemics?" *Croat Med J*, Vol. 56, No. 6, 2015.

44 Sylvain Landry Faye, "How anthropologists help medics fight Ebola,"〈Sci Dev.Net〉, 2014.9.23.

45 WHO, "Factors that contributed to undetected spread of the Ebola virus and impeded rapid containment," https://www.who.int/news-room/spotlight/one-year-into-the-ebola-epidemic/factors-that-contributed-to-undetected-spread-of-the-ebola-virus-and-impeded-rapid-containment

46 Obi Anyadike, "Ebola - is culture the real killer?" 〈The New Humanitarian〉, 2015.1.29.

47 "Health workers killed in Guinea for distributing information about Ebola," 〈Advisory Board〉, 2014.9.19.

48 Acaps, "Ebola Outbreak, Liberia: Communication: Challenges and Good Practices", https://www.acaps.org/special-report/ebola-outbreak-liberia-communication-challenges-and-good-practices

49 "Woman saves three relatives from Ebola", 〈CNN〉, 2014.9.26.

50 Paul Richards, *Ebloa: How A People's Science Helped End an Epidemic*.

51 Ibid.

52 Ibid.

53 Ibid.

54 Ibid.

55 Parker, M. et al. "Ebola and Public Authority: Saving Loved Ones in Sierra Leone," *Medical Anthropology*, Vol. 38, No. 5, 2019.

56 "U.S. military ends Ebola mission in Liberia," 〈Reuters〉, 2015.2.27.

57 Medecins Sans Frontieres, "Ebola 2014-2015 Facts & Figures," 2016.3.23.

58 WHO, "Successful Ebola responses in Nigeria, Senegal and Mali," https://www. who.int/news-room/spotlight/one-year-into-the-ebola-epidemic/successful-ebola-responses-in-nigeria-senegal-and-mali

59 Ibid.

60 같은 통계에서 한국은 18위에 올랐다. "The COVID-19 Global Response Index," https://globalresponseindex.foreignpolicy.com/country/senegal/

61 "Health CS Mutahi Kagwe condemns discrimination and sharing false information on COVID-19," 〈TV47 Kenya〉, 2020.3.5.

62   Josh Sanburn, "Ebola Brings Another Fear: Xenophobia," 〈Time〉, 2014.10.29.

63   "中 코로나19 '흑인 차별'에 아프리카 국가들 집단 반발 '후폭풍'," 〈국민일보〉, 2020.4.13.

64   "경기도, 외국인 코로나19 전수검사했더니…329명 확진," 〈연합뉴스〉, 2021.3.24.

65   오미크론이 네덜란드에서 최초 발생했다는 것을 의미하는 것은 아니다.

66   "OMICRON: FIRST VIEW FROM SOUTH AFRICA," 〈GHC3〉, 2021.8.12.

67   "A tale of two pandemics: the true cost of Covid in the global south - podcast," 〈The Guardian〉, 2021.12.17.

68   Patience Atuhaire, "Uganda schools reopen after almost two years of Covid closure," 〈BBC News〉, 2022.1.10.

69   Wongani Grace Taulo, "Lessons from Ebola: how to reach the poorest children when schools reopen," 〈UNICEF〉, 2020.6.15.

70   WHO, "WHO Coronavirus (COVID-19) Dashboard," https://covid19.who.int/ (최종 접속일: 2022.8.1.)

71   James Paton and Antony Sguazzin, "With Shots Finally on Hand, Nations Struggle to Get Them in Arms," 〈Bloomberg〉, 2022.1.9.

72   Carmen Paun, "Why Some African Countries are Dumping Scarce Vaccine Doses," 〈Politico〉, 2021.5.27.

73   "Supply is Not Getting to Where it is Needed Most," 〈COVID Gap〉, https://covid19gap.org/insights/chapter-3-supply-is-not-getting

74   "COVID-19 in Africa Tracker," 〈Mo Ibrahim Foundation〉, https://mo.ibrahim.foundation/covid-19-africa-tracker (최종 접속일: 2021.10.14.)

75   Madhukar Pai, "A Pandemic Of Inequity And Injustice: How Should The World Respond?" 〈Forbes〉, 2022.1.25.

76   이주하·김용민, "코로나19 대응 관련 지식재산권 유예 논의 배경 및 시사점," 《보건산업브리프》, Vol. 331, 2021.8.13.

77   소니아 샤 저, 정해영 역, 《판데믹: 바이러스의 위협》, 서울: 나눔의 집, 2017.

78   Salm-Reifferscheidt, L. "Liberia post Ebola: ready for another outbreak?" *The Lancet World Report*, Vol. 393, 2019.

79   Ibid.

나가며

1   "Afica Author Chinua Achebe," 〈Bill Moyers〉, 1988.9.29, https://billmoyers.com/content/chinua-achebe/

2   Binyavanga Wainaina, "How Not to Write about Africa in 2012 - a beginner's guide," 〈Guardian〉, 2012.6.3.

내일을 위한
아프리카 공부

아프리카가 이주위기, 기후위기,
일자리위기, 감염병위기를 극복하는 방법

발행일 2022년 9월 23일
지은이 우승훈
편집 오주연
인쇄 금비피앤피
발행인 김애란
출판사 힐데와소피
등록번호 제2021-000050호
주소 서울시 관악구 신사로 66-1, 3층 일부
이메일 hildeandsophie@gmail.com
홈페이지 www.hildeandsophie.xyz

ISBN   979-11-969839-9-4 (03330)

책값은 뒤표지에 있습니다.

이 도서는 한국출판문화산업진흥원의 '2022년 중소출판사 출판콘텐츠
창작 지원 사업'의 일환으로 국민체육진흥기금을 지원받아 제작되었습니다.